全国中等职业学校课程改革规划教材

Qiche Gouzao yu Chaizhuang
汽车构造与拆装

（上册）（第二版）

林德华　刘海峰　主　编
蔡新峰　代　军　薛寒松　副主编
朱　军　主　审

人民交通出版社股份有限公司
China Communications Press Co.,Ltd.

内 容 提 要

本书为全国中等职业学校课程改革规划教材，分为整车和发动机两篇，主要系统介绍了整车的相关知识，发动机的结构、工作原理和相关部件的拆装方法。

本书可作为中等职业学校汽车类专业的教材，也可供汽车爱好者参考阅读。

图书在版编目（CIP）数据

汽车构造与拆装. 上册 / 林德华，刘海峰主编. —2版. — 北京：人民交通出版社股份有限公司，2017.4
全国中等职业学校课程改革规划教材
ISBN 978-7-114-13678-8

Ⅰ.①汽… Ⅱ.①林… ②刘… Ⅲ.①汽车—构造—中等专业学校—教材②汽车—装配（机械）—中等专业学校—教材 Ⅳ.①U463②U472

中国版本图书馆CIP数据核字（2017）第029443号

全国中等职业学校课程改革规划教材

书　　　名：	**汽车构造与拆装（上册）（第二版）**
著　作　者：	林德华　刘海峰
责任编辑：	李　良
出版发行：	人民交通出版社股份有限公司
地　　　址：	（100011）北京市朝阳区安定门外外馆斜街3号
网　　　址：	http://www.ccpress.com.cn
销售电话：	（010）59757973
总 经 销：	人民交通出版社股份有限公司发行部
经　　销：	各地新华书店
印　　刷：	北京市密东印刷有限公司
开　　本：	787×1092　1/16
印　　张：	11.5
字　　数：	280千
版　　次：	2011年3月　第1版
	2017年4月　第2版
印　　次：	2017年4月　第2版　第1次印刷　累计第8次印刷
书　　号：	ISBN 978-7-114-13678-8
定　　价：	26.00元

（有印刷、装订质量问题的图书由本公司负责调换）

第二版前言

《汽车构造与拆装》第一版于2011年3月出版，该教材充分体现了"创新职业教育理念、改革教育教学模式、提升学生职业素质、适应经济社会发展"的指导思想，突出职业教育的特色。教材出版5年来，深受广大使用院校的好评。

《汽车构造与拆装》第二版在不改变整体内容的基础上，纠正原教材中的错误之处；对于一些陈旧或者面临淘汰的知识点进行了删除；对于近年来废止的技术标准、法律、法规进行了全部更新，增加了科鲁兹乘用车（中职大赛用车）的部分内容。希望第二版教材能够更好地为职业院校服务，为汽车维修技术人员提供帮助。

本书由林德华、刘海峰担任主编，蔡新峰、代军、薛寒松担任副主编，参加编写的还有张立新、邰敬明、黄斌、侯建党、韩希国、丁偌瑾、沈光毅、沈润鸣、曹燕、李培军、黄宜坤、曲妍、柳振凯、陆瑞、刘晓华、谭晟、吴国强、吴幽、夏坤、赵茂林。本书由朱军教授担任主审。

由于编者水平有限，书中难免有不足之处，诚恳希望使用本教材的师生、有关专家和广大读者批评指正。

编　者
2016年12月

第一篇　整车

项目一　汽车分类及车辆识别代号……………………………………2
项目二　汽车总体构造和行驶原理……………………………………5
项目三　汽车总体结构的认识及主要操纵机构的使用………………11

第二篇　发动机

单元1　发动机总成

项目一　发动机的结构和工作原理……………………………………24
项目二　发动机总成的拆装……………………………………………31

单元2　曲柄连杆机构

项目一　曲柄连杆机构的结构和工作原理……………………………53
项目二　曲柄连杆机构的拆装…………………………………………64

单元3　配气机构

项目一　配气机构的结构和工作原理…………………………………82

项目二　配气机构的拆装……………………………………………95

单元4　汽油机燃料供给系统

项目一　汽油机燃料供给系统的结构和工作原理……………………98
项目二　汽油机燃料供给系统的拆装…………………………………117

单元5　柴油机燃料供给系统

项目一　柴油机燃料供给系统的结构和工作原理……………………124
项目二　柴油机燃料供给系统的拆装…………………………………143

单元6　润滑系统

项目一　润滑系统的结构和工作原理…………………………………150
项目二　润滑系统的拆装………………………………………………157

单元7　冷却系统

项目一　冷却系统的结构和工作原理…………………………………163
项目二　冷却系统的拆装………………………………………………169

参 考 文 献

第一篇 整车

Chapter 1

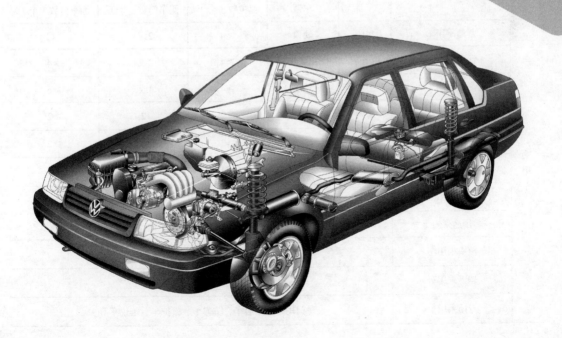

项目一 汽车分类及车辆识别代号

一 汽车分类

汽车是指由动力驱动且具有4个或4个以上车轮的非轨道承载的车辆，主要指用于载运人员、货物，牵引载运人员、货物的车辆以及特殊用途的车辆。

2002年3月1日我国正式实施《汽车和挂车类型的术语和定义》（GB/T 3730.1—2001）新标准，将汽车按用途分为乘用车和商用车。

乘用车是指在其设计和技术特性上主要用于载运乘客及其随身行李和/或临时物品的汽车，包括驾驶人座位在内最多不超过9个座位。它也可以牵引一辆挂车。

商用车是指在设计和技术特性上用于运送人员和货物的汽车，并且可以牵引挂车（乘用车不包括在内）。

乘用车和商用车的详细分类（按用途）见表1-0-1。

汽车分类　　　　　　　　　　　　表1-0-1

分类		说明				
		车身	车顶	座位数（个）	侧车门数（个）	侧车窗数（个）
乘用车	普通乘用车	封闭	硬顶	≥4	2或4	≥2
	活顶乘用车	可开启	硬顶或软顶	≥4	2或4	≥4
	高级乘用车	封闭	硬顶	≥4	4或6	≥6
	小型乘用车	封闭	硬顶	≥2	2	≥2
	敞篷车	可开启	硬顶或软顶	≥2	2或4	≥2
	仓背乘用车	封闭	硬顶	≥4	2或4	≥2
	旅行车	封闭	硬顶	≥4	2或4	≥4
	多用途乘用车	座位数超过7个，多用途				
	短头乘用车	短头				
	越野乘用车	可在非道路上行驶				
	专用乘用车	专门用途（旅居车、防弹车、救护车、殡仪车等）				

续上表

分类			说明				
			车身	车顶	座位数（个）	侧车门数（个）	侧车窗数（个）
商用车	客车	小型客车	载客，≤16座（除驾驶人座）				
		城市客车	城市公共汽车				
		长途客车	长途客车				
		旅游客车	旅游客车				
		铰接客车	由两节刚性车厢铰接组成的客车				
		无轨客车	利用架线由电力驱动的客车				
		越野客车	可在非道路上行驶的客车				
		专用客车	专门用途的客车				
	半挂牵引车		用于牵引半挂车的商用车				
	货车	普通货车	敞开或封闭的货车				
		多用途货车	可运载3人以上的货车				
		全挂牵引车	牵引牵杆式挂车的货车				
		越野货车	可在非道路上行驶货车				
		专用作业车	特殊工作的货车（消防车、救险车、垃圾车、应急车、街道清扫车、扫雪车、清洁车等）				
		专用货车	运输特殊物品的货车（罐式车、乘用车运输车、集装箱运输车等）				

二 车辆识别代号（VIN）

车辆识别代号（VIN），也称17位编码，是国际上通行的标识机动车辆的代码，是车辆制造厂为该车辆指定的一组字码，一车一码，具有在世界范围内对一辆车的唯一识别性。

1 VIN 所在位置

VIN 应位于易于看到并且能防止磨损或替换的部位。卡罗拉乘用车 VIN 压印在乘员座椅下方（图 1-0-1），此号码同时也压印在仪表板左上方（图 1-0-2）。

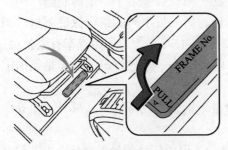

图1-0-1　卡罗拉乘用车VIN位置（1）

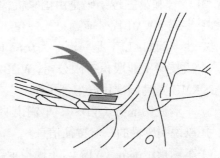

图1-0-2　卡罗拉乘用车VIN位置（2）

其他乘用车 VIN 的部位常见的还有仪表与前风窗玻璃左下角的交界处、发动机前横梁上、左前门边或立柱上和驾驶人左腿前方等。

❷ VIN 的组成

《道路车辆 车辆识别代号（VIN）》（GB 16735—2004）规定，车辆识别代号（VIN）由世界制造厂识别代号（WMI）、车辆说明部分（VDS）、车辆指示部分（VIS）三部分组成，共 17 位字码，如图 1-0-3 所示。

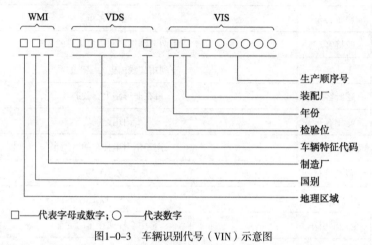

图1-0-3 车辆识别代号（VIN）示意图

（1）世界制造厂识别代号（WMI）。世界制造厂识别代号是车辆识别代号的第一部分，由 3 位字码组成，用以标识车辆的制造厂。当此代号被指定给某个车辆制造厂时，就能作为该厂的识别标志，世界制造厂识别代号在与车辆识别代号的其余部分一起使用时，足以保证 30 年之内在世界范围内制造的所有车辆的车辆识别代号具有唯一性。

WMI 代号的第一位字码是由国际代理机构分配的、用以标明一个地理区域的一个字母或数字字码，国际代理机构已经根据预期的需要为某一个地理区域分配了几个字码。例如：1～5 是北美洲；S～Z 是欧洲；A～H 是非洲；J～R 是亚洲；6、7 是大洋洲；8、9 和 0 是南美洲等。

WMI 代号的第二位字码是由国际代理机构分配的、用以标明一个特定地区内的一个国家的一个字母或数字字码，国际代理机构已经根据预期的需要为某一个国家分配了几个字码。WMI 代号应通过第一位和第二位字码的组合保证国家识别标志的唯一性。例如：10～19、1A～1Z 是美国；W0～W9、WA～WZ 是德国；L0～L9、LA～LZ 是中国等。

WMI 代号和第三位字码是由国家机构指定的、用以标明某个特定的制造厂的一个字母或数字字码，WMI 代号应通过第一位、第二位、第三位字码的组合保证制造厂识别标志的唯一性。例如：LFV 是一汽—大众汽车有限公司；LSG 是上海通用汽车有限公司；JHM 是日本本田技研工业股份有限公司；WDB 是德国戴姆勒—奔驰公司；WBA 是德国宝马汽车公司；KMH 是韩国现代汽车公司等。

（2）车辆说明部分（VDS）。车辆说明部分是车辆识别代号的第二部分，由 6 位字码组成，用以说明车辆的一般特征信息。

（3）车辆指示部分（VIS）。车辆指示部分是车辆识别代号的最后部分，由 8 位字码组成，其最后4位字码应是数字。车辆制造厂为区别不同车辆而指定的一组代码，这组代码连同车辆说明部分一起，足以保证每个车辆制造厂在30年之内生产的每辆车辆的车辆识别代号具有唯一性。

车辆指示部分第1位字码应代表车辆生产年份，用阿拉伯数字1～9和大写的罗马字母A～Z（不包括字母I、O、Q、U、Z）表示，30年循环一次。2015年代码为F，2016年代码为G，……以此类推。VIS的第2位字码应代表装配厂，若无装配厂，制造厂可规定其他内容。VIS的第3～8位字码用来表示生产顺序号。

❸ 汽车VIN举例说明

上海大众汽车有限公司生产的车型VIN说明见表1-0-2。

上海大众汽车有限公司生产的车型车辆识别号（VIN）　　　　表1-0-2

位置	说　　　明	位置	说　　　明
1~3	全球制造识别，即上海大众汽车有限公司（LSV）	9	检验位
4	车身/底盘形式	10	生产年份
5	发动机/变速器	11	装配厂
6	乘员保护系统	12~17	生产顺序号
7~8	车辆等级		

项目二　汽车总体构造和行驶原理

一　汽车的组成

汽车通常由发动机、底盘、车身、电气设备4部分组成。汽车总体构造如图1-0-4所示。

❶ 发动机

发动机（图1-0-5）是汽车的动力源，其功用是使供入其中的燃料燃烧而发出动力。汽车发动机主要采用的是往复活塞式内燃机，它一般由曲柄连杆机构、配气机构、燃料供给系统、冷却系统、润滑系统、点火系统（汽油发动机采用，柴油发动机没有）和起动系统等组成。

❷ 底盘

底盘（图1-0-6）的功用是支承、安装汽车发动机及其各部件、总成，形成汽车的整体造型，并接收发动机的动力，使汽车产生运动，保证正常行驶。底盘由传动系统、行驶系统、转向系统和制动系统组成。

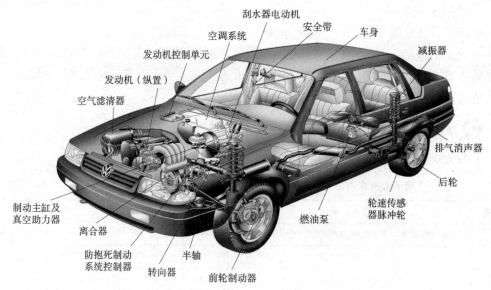

图1-0-4　桑塔纳2000GSi型乘用车整车透视图

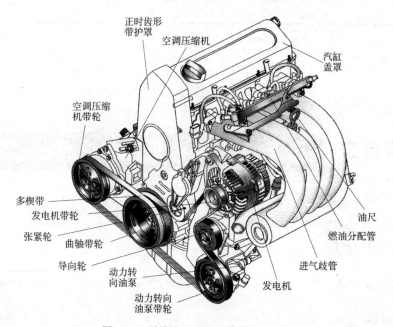

图1-0-5　桑塔纳2000GSi型乘用车AJR发动机

❸ 电气设备

电气设备包括电源组（蓄电池、发电机和调节器）、发动机起动系统和点火系统（汽油机）、声光系统、仪表装置、刮水与洗涤系统、空调系统以及音响、安全气囊等。汽车上，汽车电子化、智能化的程度也越来越高。汽车电子控制已从单一项目的控制，发展到多项内容复合的集中控制，逐渐形成一个整车电子控制。

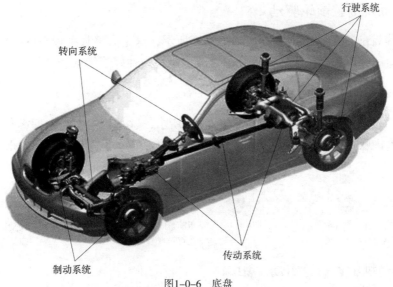

图1-0-6 底盘

4 车身

车身（图 1-0-7）是驾驶人驾驶汽车的场所，也是装载乘客和货物的场所。汽车车身不仅要为驾驶人提供方便的操作条件、为乘客提供舒适安全的环境或保证货物完好无损，还要求其外形精致，给人以美的享受。

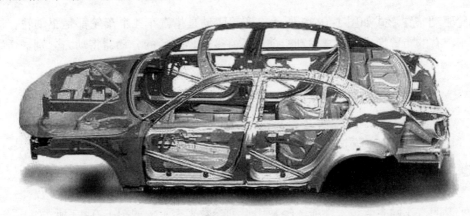

图1-0-7 轿车车身

二 汽车的总体布置形式

为满足不同的使用要求，汽车的总体布置有不同的形式。汽车按发动机相对于各总成的位置，有下列几种布置形式。

1 发动机前置后轮驱动（FR）

发动机前置后轮驱动布置形式如图 1-0-8 所示，这是传统的布置形式，大多数货车、部分乘用车和部分客车都采用这种形式。

❷ 发动机前置前轮驱动（FF）

发动机前置前轮驱动布置形式如图 1-0-9 所示，这是大多数乘用车盛行的布置形式，具有结构紧凑、整车质量小、底板低、高速时操纵稳定性好等优点。

❸ 发动机后置后轮驱动（RR）

发动机后置后轮驱动布置形式如图 1-0-10 所示，这是目前大、中型客车盛行的布置形式，具有室内噪声小、空间利用率高等优点。少数乘用车也采用这种布置形式。

图1-0-8 发动机前置后轮驱动布置示意图

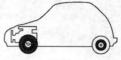
图1-0-9 发动机前置前轮驱动布置示意图

图1-0-10 发动机后置后轮驱动布置示意图

❹ 发动机中置后轮驱动（MR）

发动机中置后轮驱动布置形式如图 1-0-11 所示，这是方程式赛车和大多数跑车采用的布置形式。将功率和尺寸很大的发动机布置在驾驶人座椅与后轴之间，有利于获得最佳轴荷分配和提高汽车的性能。少数大、中型客车也采用这种布置形式，把卧式发动机安装在底板下面。

❺ 四轮驱动（4WD）

四轮驱动布置形式如图 1-0-12 所示，四轮驱动是指汽车 4 个车轮都是驱动轮，这是越野汽车特有的布置形式。通常发动机前置，在变速器之后的分动器将动力分别输送给全部驱动轮。

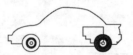
图1-0-11 发动机中置后轮驱动布置示意图

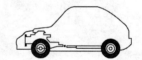
图1-0-12 四轮驱动布置示意图

三 汽车主要技术参数

为了说明汽车的主要技术性能，经常用下列参数来表示，如图 1-0-13 所示。

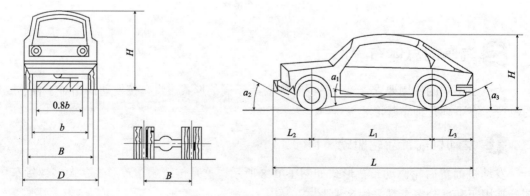
图1-0-13 汽车常用主要技术参数

（1）整车装备质量（kg）：汽车完全装备好的质量是指完整的发动机、底盘、车身、全部电气设备和车辆正常行驶所需要的辅助设备（包括加足燃料、润滑油及冷却液，随车工具等）的质量之和。

（2）最大总质量（kg）：汽车满载时的质量。

（3）最大装载质量（kg）：最大总质量和整车装备质量之差。

（4）最大轴载质量（kg）：汽车单轴所承载的最大总质量。

（5）车长 L（mm）：垂直于车辆纵向对称平面并分别抵靠在汽车前、后最外端凸出部位的两垂直面间的距离。

（6）车宽 D（mm）：平行于车辆纵向对称平面并分别抵靠车辆两侧最外固定凸出部位（除后视镜、侧面标志灯、示宽灯、转向指示灯等）的两平面之间的距离。

（7）车高 H（mm）：车辆最高点与车辆支承平面之间的距离。

（8）轴距 L_1（mm）：汽车前后轴中心线的水平距离。

（9）轮距 B（mm）：在支承平面上，同轴左右车轮两轨迹中心间的距离（轴两端为双轮时，为左右两条双轨迹的中间的距离）。

（10）前悬 L_2（mm）：在直线行驶位置时，汽车前端刚性固定件的最前点到通过两前轮轴线的垂面间的距离。

（11）后悬 L_3（mm）：汽车后端刚性固定件的最后点到通过最后车轮轴线的垂面间的距离。

（12）最小离地间隙（mm）：满载时，车辆支承平面与车辆最低点之间的距离。

（13）纵向通过角 α_1（°）：在汽车空载、静止时，在汽车侧视图上分别通过前、后车轮外缘做切线交于车体下部较低部位所形成的最小锐角。

（14）接近角 α_2（°）：汽车前端凸出点向前轮引的切线与地面的夹角。

（15）离去角 α_3（°）：汽车后端凸出点向后轮引的切线与地面的夹角。

（16）转弯直径（mm）：转向盘转到极限位置，外侧转向轮的中心平面在车辆支承面上的轨迹圆直径。

（17）最高车速（km/h）：汽车在平坦公路上行驶时能达到的最高速度。

（18）最大爬坡度（%）：汽车满载时的最大爬坡能力。

（19）平均燃料消耗量（L/100km）：汽车在公路上行驶时平均的燃料消耗量。

四 汽车行驶原理

1 汽车行驶阻力

要想使汽车行驶，必须对汽车施加一个驱动力以克服各种阻力。汽车行驶阻力包括滚动阻力、空气阻力、上坡阻力和加速阻力。

（1）滚动阻力 F_f。车轮滚动时，轮胎与地面的接触区域会产生轮胎与支承路面的变形（当弹性轮胎在硬路面上滚动时，轮胎的变形是主要的），由此而引起的地面对轮胎的阻力，就是滚动阻力。滚动阻力等于滚动阻力系数与车轮负荷的乘积。滚动阻力系数由试验确定。滚动阻力系数与路面性质、汽车行驶速度以及轮胎的构造、材料、气压等有关。

（2）空气阻力 F_w。汽车直线行驶时受到的空气作用在行驶方向上的分力称为空气阻力。空气阻力与汽车的形状、汽车正面投影面积有关，特别是与汽车和空气的相对速度的平方成正比。当汽车高速行驶时，空气阻力的数值将显著增加。

（3）上坡阻力 F_i。当汽车上坡时，汽车重力沿坡道的分力表现为汽车上坡阻力。

（4）加速阻力 F_j。汽车加速行驶时，需要克服其质量加速运动的惯性力，也就是加速阻力。

❷ 汽车的驱动力

为克服上述阻力，汽车必须有足够的驱动力。汽车驱动力的产生原理如图1-0-14所示。发动机经由传动系在驱动轮上施加一个驱动力矩 M_t，力图使驱动轮旋转。在 M_t 作用下，驱动轮和路面接触处对路面施加一个圆周力 F_0，其方向与汽车行驶方向相反，大小为：

$$F_0 = \frac{M_t}{R}$$

式中：F_0——驱动车轮对路面施加的圆周力，N；

M_t——驱动力矩，N·m；

R——驱动车轮的滚动半径，m。

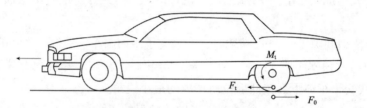

图1-0-14 汽车驱动力的产生原理

由于车轮与路面的附着作用，在车轮向路面施加力 F_0 的同时，路面会对车轮施加一个大小相等、方向相反的反作用力 F_t，F_t 就是汽车行驶的驱动力（也称为汽车牵引力）。

❸ 驱动力与行驶阻力的关系

当驱动力逐渐增大到足以克服汽车所受到的阻力时，汽车便开始起步行驶。汽车起步后，其行驶情况取决于驱动力和行驶阻力之间的关系。当驱动力等于行驶阻力时，汽车将匀速行驶；当驱动力大于行驶阻力时，汽车将加速行驶；当驱动力小于行驶阻力时，汽车将减速行驶或静止不动。

但是汽车并不是在任何情况下都能产生足够的驱动力。驱动力的最大值固然取决于发动机的最大转矩和传动系的传动比，但实际发出的驱动力还要受到轮胎与路面附着作用的限制。由附着作用所决定的阻碍车轮打滑的路面反力的最大值称为附着力，用 F_φ 表示。附着力与驱动轮所承受垂直于地面的法向力 G 成正比，即：

$$F_\varphi = \varphi \cdot G$$

式中：φ——附着系数，其数值与轮胎的类型及地面的性质有关；

G——汽车总重力 G_0 分配到驱动车轮上的那部分重力。

由此可见，附着力限制了驱动力的发挥，即：

$$F_t \leq F_\varphi = \varphi \cdot G$$

在冰雪、泥泞等不良路面上行驶时，因 φ 值很小，附着力很小，汽车的驱动力受到附着力的限制而不能克服较大的行驶阻力，导致汽车减速甚至不能前进。此时，即使加大节气门开度或换入低速挡，车轮也只会滑转而驱动力仍不能增大。因此，普通载货汽车在冰雪路面上行驶时，往往在驱动轮上绕装防滑链，以增大附着系数和附着力。全轮驱动的越野汽车为了提高附着系数，采用特殊花纹轮胎、镶钉轮胎等。另外，普通载货汽车的附着力只是分配到驱动轮上的那部分汽车重力；而全轮驱动的越野汽车，其附着力则是全车的总重力，因而其附着力比普通载货汽车显著增大。

项目三　汽车总体结构的认识及主要操纵机构的使用

本项目以卡罗拉（1.6L）乘用车为例进行说明。

一、汽车总体结构的认识

1. 汽车外部结构

卡罗拉（1.6L）乘用车外部结构如图 1-0-15 和图 1-0-16 所示。

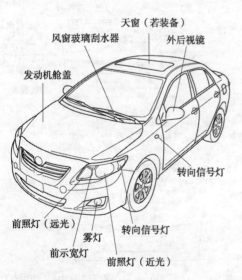

图1-0-15　卡罗拉（1.6L）乘用车外部结构（1）

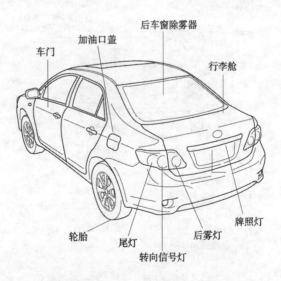

图1-0-16　卡罗拉（1.6L）乘用车外部结构（2）

❷ 汽车车内结构

卡罗拉（1.6L）乘用车车内结构如图1-0-17 ~ 图1-0-19所示。

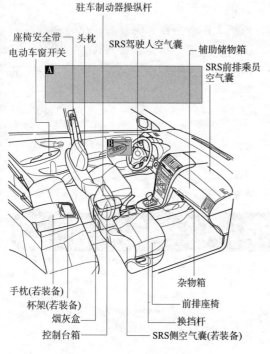

图1-0-17 卡罗拉（1.6L）乘用车车内结构（1）

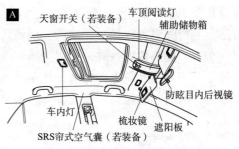

图1-0-18 卡罗拉（1.6L）乘用车车内结构（2）

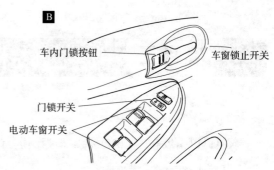

图1-0-19 卡罗拉（1.6L）乘用车车内结构（3）

卡罗拉（1.6L）乘用车仪表板结构如图1-0-20 ~ 图1-0-24所示。

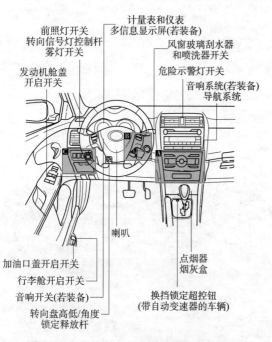

图1-0-20 卡罗拉（1.6L）乘用车仪表板结构（1）

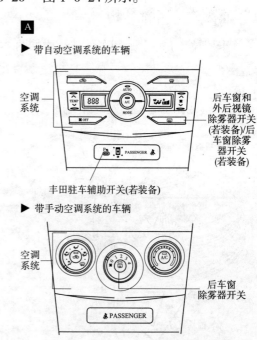

图1-0-21 卡罗拉（1.6L）乘用车仪表板结构（2）

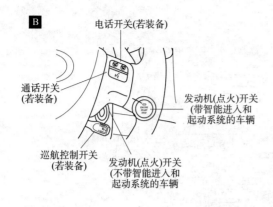

图1-0-22 卡罗拉（1.6L）乘用车仪表板结构（3）

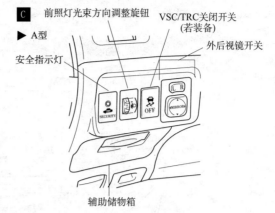

图1-0-23 卡罗拉（1.6L）乘用车仪表板结构（4）

3 发动机舱内结构

（1）打开发动机舱盖。

①如图1-0-25所示，拉动位于仪表板左下方的发动机舱盖释放把手，发动机舱盖将轻微向上弹起。

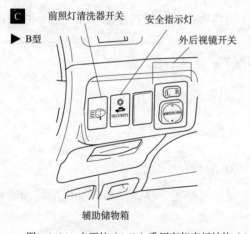

图1-0-24 卡罗拉（1.6L）乘用车仪表板结构（5）

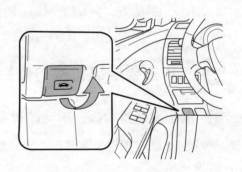

图1-0-25 打开发动机舱盖（1）

②如图1-0-26所示，释放辅助发动机舱盖固定杆并提起发动机舱盖。

③如图1-0-27所示，将支承杆插入槽内，以使发动机舱盖保持打开状态。

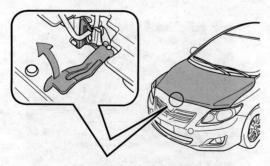

图1-0-26 打开发动机舱盖（2）

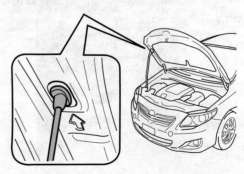

图1-0-27 打开发动机舱盖（3）

（2）发动机舱内结构如图1-0-28所示。

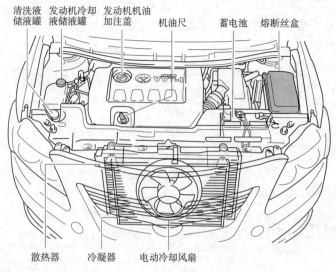

图1-0-28　卡罗拉（1.6L）乘用车发动机舱内结构

（3）关闭发动机舱盖。

①一边托住发动机舱盖防止它掉下来，一边将支承杆从插槽里取下来，并将它放回其卡扣内。

②放下发动机舱盖，在大约300mm的高度放手，让它自由落下。

③确保发动机舱盖已牢牢锁定。

二　汽车主要操纵机构的使用

1　汽车离合器踏板、制动踏板和加速踏板的使用

卡罗拉（1.6L）乘用车手动变速器车型的离合器踏板、制动踏板和加速踏板的结构如图1-0-29所示。

（1）离合器安装于发动机与变速器之间，用于暂时分离和平顺接合发动机的动力传递，保证汽车平稳起步，使换挡时工作平顺和防止传动系过载。离合器踏板由左脚控制，要求踩离合器踏板时要踩到底，放松离合器踏板时要缓慢，以免汽车起步冲击。对于配置自动变速器的汽车，则没有离合器踏板（图1-0-30）。

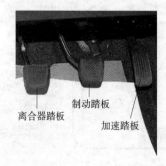

图1-0-29　离合器踏板、制动踏板和加速踏板的结构

图1-0-30　制动踏板和加速踏板的结构

（2）制动踏板用来实施汽车制动，由右脚控制，非紧急情况下，不要进行急制动，一般采用点制动。

（3）加速踏板用来控制发动机节气门的开度（发动机转速），由右脚控制，应根据道路、车载及环境情况确定节气门开度的大小。

❷ 驻车制动器的使用

驻车制动器应用于汽车停车时的制动。卡罗拉（1.6L）乘用车驻车制动器作用于后车轮，驻车制动器操纵杆位于前部座椅之间。欲使用驻车制动，须停下车辆，踩下制动踏板并且用力向上拉起驻车制动器操纵杆，如图1-0-31所示。

如图1-0-32所示，欲解除驻车制动，须踩下制动踏板并且按下按钮，轻轻抬起控制杆后完全降下。

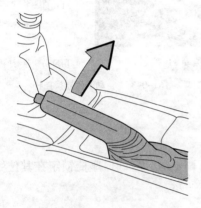
图1-0-31 使用驻车制动

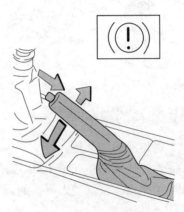
图1-0-32 解除驻车制动

❸ 变速器的使用

变速器有手动变速器和自动变速器两种类型。卡罗拉（1.6L）乘用车手动变速器换挡杆如图1-0-33和图1-0-34所示。5速型手动变速器有5个前进挡和1个倒挡。6速型手动变速器有6个前进挡和1个倒挡。操作换挡杆前应完全踩下离合器踏板，将换挡杆移动至所需挡位，然后再缓慢放开离合器踏板。

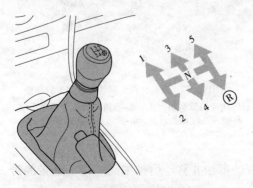
图1-0-33 5速型手动变速器换挡杆

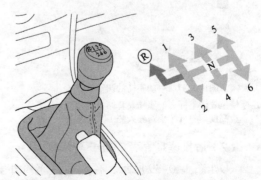
图1-0-34 6速型手动变速器换挡杆

6速型手动变速器如果要换至倒挡，必须首先停下车辆，踩下离合器踏板，提起环（图1-0-35），再将换挡杆从空挡移动至倒挡（R）。

卡罗拉（1.6L）乘用车自动变速器换挡杆如图1-0-36所示。P（驻车挡）：起动发动机和停车时挂入该挡；R（倒挡）：只有汽车停下后才能挂入；N（空挡）：允许汽车行驶中起动发动机或被牵引时使用；D（前进挡）：正常行驶时挂入该挡；3（3挡）：只能在1～3挡内自动换挡，不能升入4挡，是有发动机制动的挡位；2（2挡）：只能在1～2挡内自动换挡，不能升入3挡以上的挡位，有更强的发动机制动的挡位；L（L挡）：只能在1挡位工作，是有最大发动机制动的挡位。

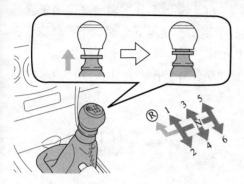  

图1-0-35　6速型手动变速器R挡操作　　　a)自动变速器换挡杆　　b)自动变速器挡位选择

图1-0-36　自动变速器换挡杆

4 座椅的调整

（1）前排座椅的调整。

①手动座椅的调整如图1-0-37所示。手动座椅调整后，应确保座椅锁定在其位置上。

②电动座椅（仅驾驶人侧）的调整如图1-0-38所示。

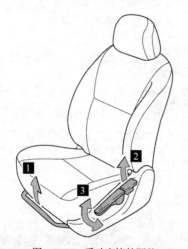 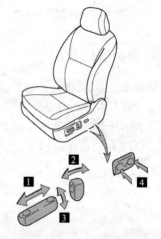

图1-0-37　手动座椅的调整

1-座椅位置调整杆；2-座椅靠背倾角调整杆；
3-垂直高度调整杆（仅驾驶人侧）（若装备）

图1-0-38　电动座椅（仅驾驶员侧）的调整

1-座椅位置调整开关；2-座椅靠背倾角调整开关；
3-垂直高度调整开关；4-腰部支承调整开关

（2）后排座椅靠背的折叠与恢复。

①如图1-0-39所示，存放后排座椅外安全带的带扣并移动后排中间座椅安全带的带扣。

②如图1-0-40所示，检查并确认行李舱内的安全锁杆已升高。

③如图1-0-41所示，拉动座椅靠背锁定释放按钮，同时折叠座椅靠背。

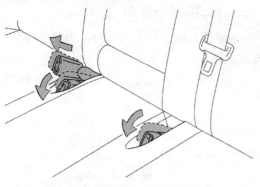
图1-0-39 后排座椅靠背的折叠（1）

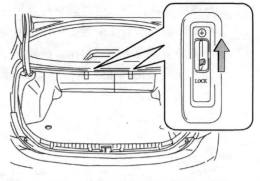
图1-0-40 后排座椅靠背的折叠（2）

④座椅靠背恢复至垂直位置后，应前后轻摇座椅靠背，确保将其锁定在正确位置。如果座椅靠背未牢固锁定，则座椅靠背锁定释放按钮上的红色标记可见（图1-0-42）。应确保红色标记不可见。检查并确认座椅安全带未扭曲或卡在座椅下面。

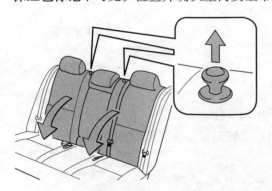
图1-0-41 后排座椅靠背的折叠（3）

图1-0-42 后排座椅靠背的恢复

（3）头枕的调整。头枕的调整如图1-0-43所示。头枕调整后，正确的位置应是头枕的中心与耳朵上部齐平（图1-0-44）。

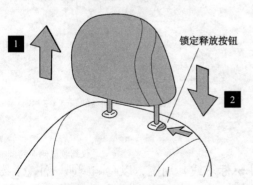
图1-0-43 头枕的调整（1）
1-升高（将头枕向上拉）；2-降低（按住锁定释放按钮的同时将头枕向下压）

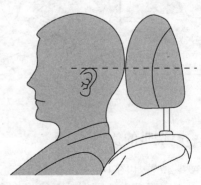
图1-0-44 头枕的调整（2）

（4）座椅安全带的使用与调整。
①座椅安全带的正确使用方法。安全带的正确系法如图1-0-45所示，拉伸肩部安全带，使其斜跨过肩部，但不应触及颈部或从肩部滑脱。将腰部安全带尽可能低地横跨于髋

部。调整座椅靠背位置。坐直且靠好座椅靠背。不要扭曲座椅安全带。

②扣紧和松开座椅安全带。如图 1-0-46 所示,将带头插入带扣内,直至听到咔嗒声,则扣紧了安全带。按下释放按钮,则松开了座椅安全带。

③调整安全带的高度(前排座椅)。如图 1-0-47 所示,根据需要上下移动高度调节器,直至听到咔嗒声。

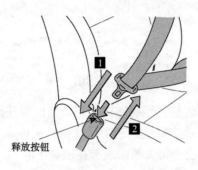
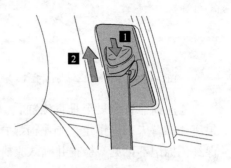

图1-0-45 安全带的正确系法　　图1-0-46 扣紧和松开座椅安全带　　图1-0-47 调整安全带的高度(前排座椅)
　　　　　　　　　　　　　　　1—扣紧安全带;2—松开安全带　　　　1—下移;2—上移

5 转向盘的调节

(1)如图 1-0-48 所示,握住转向盘并向下压调节杆。

(2)如图 1-0-49 所示,沿水平和垂直方向移动转向盘,将其调节至理想位置。

(3)调整后,向上拉调节杆将转向盘固定。

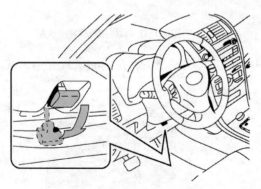
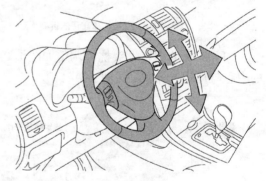

图1-0-48 转向盘的调节(1)　　　　图1-0-49 转向盘的调节(2)

6 喇叭的使用

喇叭位置如图 1-0-50 箭头所示。按下 标志或其周围,以鸣响喇叭。注意:如果转向盘未牢固锁定,则喇叭可能不鸣响。

7 点火开关的使用

如图 1-0-51 所示,点火开关有下列 4 个位置:LOCK、ACC、ON 以及 START 位置。

(1)LOCK(锁定)。转向盘锁定,可以拔出钥匙。带自动变速器的车辆,仅在换挡杆置于 P 挡时,可以拔出钥匙。

（2）ACC（附件）。可以使用部分电气部件（如音响等）。

（3）ON（运行）。可以使用所有电气部件。

（4）START（起动）。起动发动机。

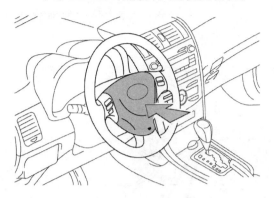

图1-0-50 喇叭的使用

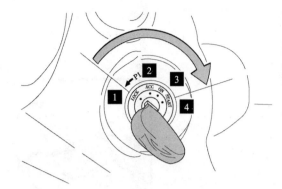

图1-0-51 点火开关

1-LOCK位置；2-ACC位置；3-ON位置；4-START位置

8 开关与控制

（1）灯光组合开关。开关前照灯、尾灯和停车灯时，转动组合开关操纵杆末端，如图1-0-52所示。灯光组合开关共有4个挡位，分别启动灯的不同功能。

① ○（关闭）：所有灯均处于关闭状态。

② ⫶○○⫶：前示宽灯、尾灯、牌照灯和仪表板灯亮起。

③ ⫶○○⫶：前照灯和上述所有灯均亮起。

④ AUTO（若装备）：前照灯、其他外部车灯和仪表板灯自动点亮/熄灭。

（2）转向信号灯控制杆。转向信号灯控制杆的操作如图1-0-53所示。

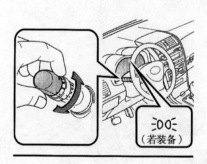

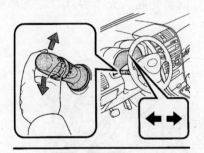

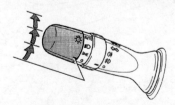

图1-0-52 灯光组合开关

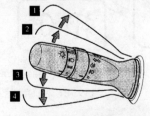

图1-0-53 转向信号灯控制杆的操作

1-右转；2-左转；3-移动控制杆并保持在中间位置上，发出变道信号，右侧信号灯将闪烁直到松开控制杆为止；4-移动控制杆并保持在中间位置上，发出变道信号，左侧信号灯将闪烁直到松开控制杆为止

（3）前照灯开关。打开前照灯远光方法如图1-0-54所示。

①在前照灯打开时，将控制杆向前推则打开远光。将控制杆拉回中间位置则关闭远光。

②要让远光灯闪烁时，将控制杆拉向驾驶人一侧，并松开。在松开操纵杆之后其将复位。若一直将组合开关操纵杆拉向驾驶人一侧不放开，远光灯就会一直亮下去。

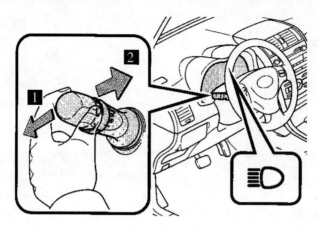

图1-0-54　前照灯远光的操作
1-打开前照灯远光；2-使用远光灯闪烁

（4）雾灯开关。雾灯是在不利的驾驶条件下（如雨天或起雾时），照亮前方道路两侧，提高雾中或雨雪天气中的能见度。前照灯或前示宽灯点亮时可使用雾灯。前雾灯点亮时可使用后雾灯。

雾灯开关的操作如图1-0-55所示。打开前雾灯时，确保前照灯处于近光状态，将组合开关操纵杆中间的环形开关旋转至"2"或"3"的位置。打开雾灯后，仪表板上的雾灯指示灯就会亮起。关闭雾灯时，将环形开关旋转至"1"的位置。

 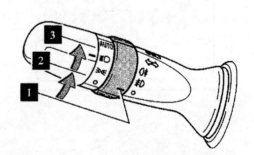

图1-0-55　雾灯开关
1-关闭；2-前雾灯点亮；3-前雾灯和后雾灯均点亮

（5）使用风窗玻璃刮水器。使用风窗玻璃刮水器，先打开点火开关，如图1-0-56所示选择间歇式刮水器操作时，可以调整刮水器的间歇时间。

（6）使用风窗玻璃洗涤器。往风窗玻璃上喷洒清洗液时，应打开点火开关，将风窗玻璃刮水器/洗涤器操纵杆拉向驾驶人一侧，如图1-0-57所示。

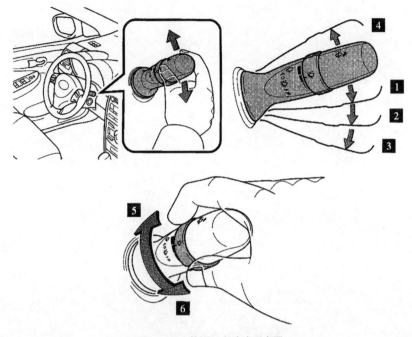

图1-0-56 使用风窗玻璃刮水器

1-间歇式风窗玻璃刮水器操作；2-风窗玻璃刮水器低速操作；3-风窗玻璃刮水器高速操作；4-临时操作；5-增大间歇式风窗玻璃刮水器的频率；6-减小间歇式风窗玻璃刮水器的频率

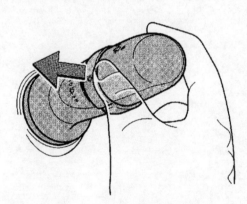

图1-0-57 使用风窗玻璃洗涤器

第二篇　发动机

Chapter 2

单元 1　发动机总成

项目一　发动机的结构和工作原理

图2-1-1　卡罗拉（1.6L）乘用车发动机

一 发动机的概念

发动机是将某种形式的能量转换为机械能的机器。

汽车用发动机如图 2-1-1 所示，它是汽车的核心部件，是汽车的动力源。汽车发动机一般是将液体燃料或气体燃料和空气混合后直接输入机器内部燃烧产生热能，热能再转变为机械能，因此又叫内燃机。当代汽车用发动机应用最广、数量最多的是水冷式四冲程往复活塞式内燃机。常见的车用发动机有汽油发动机和柴油发动机两种。

二 单缸发动机的结构及常用术语

单缸四冲程汽油机的基本结构如图 2-1-2 所示。汽缸体内圆柱形腔体称为汽缸，内装有活塞，活塞通过活塞销、连杆与曲轴相连接。活塞在汽缸内作往复直线运动，通过连杆推动曲轴做旋转运动。在汽缸盖上装有进气门和排气门，通过凸轮轴控制进气门和排气门开启和关闭，实现向汽缸内充入新鲜可燃混合气并将燃烧后的废气排出汽缸。

发动机的部件名称如图 2-1-3 所示。

（1）上止点。上止点是指活塞离曲轴回转中心最远处，即活塞的最高位置。

（2）下止点。下止点是指活塞离曲轴回转中心最近处，即活塞的最低位置。

（3）活塞行程 S。上止点与下止点之间的距离称为活塞行程。

（4）曲柄半径 R。曲轴与连杆下端的连接中心至曲轴中心的距离（即曲轴的回转半径）称为曲柄半径。活塞行程为曲柄半径的两倍，即 $S=2R$。

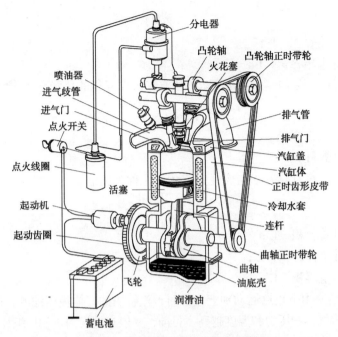

图2-1-2 单缸四冲程汽油机结构示意图

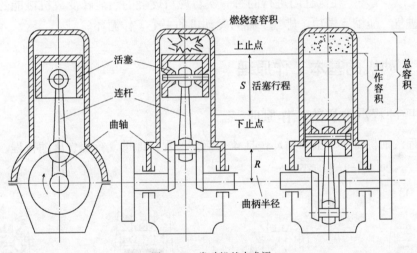

图2-1-3 发动机基本术语

（5）汽缸工作容积 V_h（L）。活塞从一个止点运动到另一个止点所扫过的容积称为汽缸工作容积或汽缸排量，即：

$$V_h = \frac{\pi D^2 S}{4} \times 10^{-6}$$

式中：D——汽缸直径，mm；

S——活塞行程，mm。

（6）燃烧室容积 V_c（L）。活塞在上止点时，活塞顶与汽缸盖之间的容积称为燃烧室容积。

（7）汽缸总容积 V_a（L）。活塞在下止点时，活塞顶上方的容积称为汽缸总容积。显然，汽缸总容积是汽缸工作容积与燃烧室容积之和，即：

$$V_a = V_c + V_h$$

式中：V_c——燃烧室容积，L；

V_a——汽缸工作容积，L。

（8）发动机排量 V_L（L）。多缸发动机各汽缸工作容积的总和称为发动机排量，即：

$$V_L = V_h i = \frac{\pi D^2 S i}{4} \times 10^{-6}$$

式中：V_h——汽缸工作容积，L；

i——汽缸数目。

（9）压缩比 ε。汽缸总容积与燃烧室容积之比称为压缩比。

$$\varepsilon = \frac{V_a}{V_c} = \frac{V_h + V_c}{V_c} = 1 + \frac{V_h}{V_c}$$

式中：V_a——汽缸总容积，L；

V_h——汽缸工作容积，L；

V_c——燃烧室容积，L。

压缩比表示活塞由下止点运动到上止点时，汽缸内的气体被压缩的程度。压缩比越大，压缩终了时汽缸内气体的压力和温度越高。目前，一般车用汽油机的压缩比约为 6～11，柴油机的压缩比一般为 16～22。

（10）工作循环。在汽缸内进行的每一次将燃料燃烧的热能转变成机械能的一系列连续过程（进气、压缩、做功、排气）称为发动机的一个工作循环。

三 发动机的基本工作原理

1 四冲程汽油机的工作原理

四冲程汽油机每一个工作循环包括 4 个活塞行程，即进气行程、压缩行程、做功行程和排气行程，如图 2-1-4 所示。

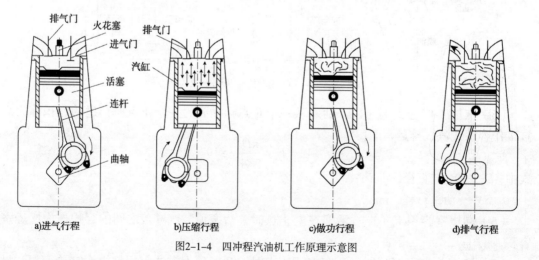

图2-1-4 四冲程汽油机工作原理示意图

❶ 进气行程

在进气行程中，活塞在曲轴和连杆的带动下由上止点向下止点运行，这时进气门开启，排气门关闭。在活塞由上止点向下止点运动过程中，由于活塞上方汽缸容积逐渐增大，形成一定的真空。这样，可燃混合气通过进气门被吸入汽缸，直到活塞到达下止点时，进气行程结束。

❷ 压缩行程

该行程中，活塞在曲轴和连杆的带动下由下止点向上止点运动，此时进气门和排气门处于关闭状态。由于活塞上方汽缸容积逐渐减小，进入汽缸内的可燃混合气被压缩，温度和压力不断升高，直到活塞到达上止点时，压缩行程结束。

❸ 做功行程

该行程中，活塞运动到接近压缩行程上止点附近时，火花塞跳火点燃汽缸内的可燃混合气。这时由于进气门和排气门均处于关闭状态，使缸内气体温度和压力同时升高，高温高压的气体膨胀，推动活塞由上止点向下止点运动，并通过连杆带动曲轴旋转输出机械能，直到活塞到达下止点时，做功行程结束。

❹ 排气行程

在做功行程结束后，汽缸内的可燃混合气通过燃烧转变为废气。此时排气门开启，进气门处于关闭状态，活塞在曲轴和连杆的带动下由下止点向上止点运动，汽缸内的废气经排气门排出，直到活塞到达上止点时，排气行程结束。

排气行程结束后，进气门再次开启，又开始下一个工作循环。如此周而复始，发动机就连续运转。发动机工作时，需要连续不断地进行循环，在每个循环中都是依次完成进气、压缩、做功、排气 4 个活塞行程。

❷ 四冲程柴油机的工作原理

四冲程柴油机工作原理如图 2-1-5 所示。与四冲程汽油机一样，四冲程柴油机每个工作循环也是由进气、压缩、做功和排气 4 个活塞行程组成。但由于柴油和汽油使用性能的不同，柴油机在可燃混合气的形成方式、着火方式等方面与汽油机有着较大的区别。这里主要介绍四冲程柴油机与四冲程汽油机工作原理的不同之处。

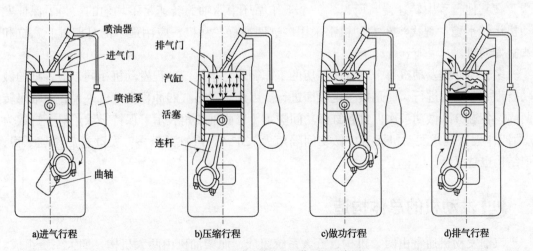

图2-1-5 四冲程柴油机工作原理示意图

（1）进气行程：柴油机在进气行程中进入汽缸的是纯空气，而不是可燃混合气。

（2）压缩行程：柴油机在压缩行程中压缩的是进气行程进入汽缸内的纯空气。由于柴油机压缩比高，压缩终了时缸内气体的温度和压力均高于汽油机。

（3）做功行程：柴油机做功行程与汽油机做功行程有很大区别。在压缩行程接近上止点时，喷油泵泵出的高压柴油经喷油器呈雾状喷入汽缸内的高温空气中，柴油迅速吸热、蒸发、扩散与空气混合形成可燃混合气。由于此时汽缸内的温度远高于柴油的自燃温度（约500K左右），形成的可燃混合气自行着火燃烧，随后的一段时间内边喷油边混合边燃烧，汽缸内的温度和压力迅速升高，推动活塞下行做功。

（4）排气行程：柴油机的排气行程与汽油机的排气行程基本相同。

❸ 工作循环的特点

由上述单缸四冲程汽油机和单缸四冲程柴油机的工作原理可知，四冲程发动机工作循环具有以下特点。

（1）每完成一个工作循环曲轴旋转2圈（720°），每一个行程曲轴旋转半圈（180°）。进气行程中进气门开启，排气门关闭；排气行程中排气门开启，进气门关闭；其余两个行程进气门、排气门均关闭。

（2）在4个活塞行程中，只有做功行程产生动力，其余3个活塞行程则是为做功行程作准备的辅助行程，都要消耗动力。虽然做功行程是主要的，但其他3个行程也是必不可少的。

（3）发动机起动时（第一个工作循环），必须借助外力带动曲轴旋转以完成进气、压缩行程，在混合气着火做功行程开始后，依靠曲轴和飞轮储存的能量，使发动机转入正常运转状态。

❹ 多缸四冲程发动机的工作原理

单缸四冲程发动机每个工作循环所经历的4个活塞行程中，只有做功行程为有效行程，其他3个行程为消耗机械功的辅助行程。这样，发动机曲轴在做功行程中的转速快，在其他行程中转速慢。所以，一个工作循环中曲轴的转速是不均匀的。为了保证发动机运转平稳，现代汽车发动机都采用多缸四冲程发动机，应用最多的是四缸、六缸和八缸发动机。

多缸四冲程发动机每个汽缸所经历的工作循环与单缸四冲程发动机相同，但各缸的做功行程并非同时进行，而是按一定顺序进行。因此，对多缸四冲程发动机来说，曲轴每转两周，各缸分别做功一次，且各缸做功间隔角（以曲轴转角表示）保持一致。对于缸数为 i 的四冲程直列式发动机而言，做功间隔角为 $720°/i$。汽缸数越多，发动机工作越平稳，但结构也越复杂。

四 发动机的总体构造

汽油发动机通常由两大机构、五大系统组成，而柴油机由两大机构、四大系统组成。两大机构是指曲柄连杆机构和配气机构；五大系统系是指燃料供给系统、冷却系统、润滑系统、点火系统（柴油机无此系统）和起动系统。下面以桑塔纳2000GSi型乘用车的AJR

汽油发动机（图2-1-6和图2-1-7）为例，介绍四行程汽油发动机的构造。

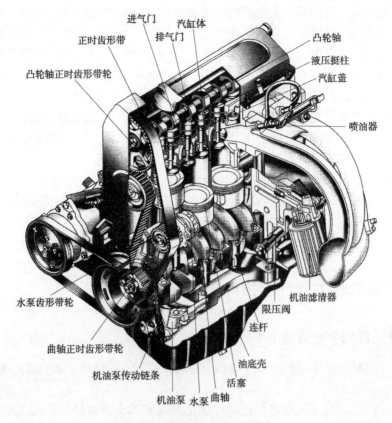

图2-1-6　AJR汽油发动机纵剖图

（1）曲柄连杆机构。曲柄连杆机构是发动机借以产生动力，并将活塞的往复直线运动转变为曲轴的旋转运动而输出动力的机构。

曲柄连杆机构主要由汽缸体、汽缸盖、活塞、连杆、曲轴和飞轮等组成。

（2）配气机构。配气机构的功用是根据发动机的工作需要，适时地打开进气门或排气门，使可燃混合气及时地充入汽缸，或使废气及时地从汽缸内排出；而在发动机不需要进气或排气时，则利用气门将进气通道或排气通道关闭，以保持汽缸密封。

配气机构主要由气门、气门弹簧、液压挺柱、凸轮轴、正时齿形带轮等组成。

（3）燃料供给系统。汽油机燃料供给系统的功用是向汽缸内供给已配好的可燃混合气（缸内喷射式发动机为空气），并控制进入汽缸内的可燃混合气的数量，以调节发动机的输出功率，最后将燃烧后的废气排出汽缸。

汽油机的燃料供给系由燃油箱、燃油滤

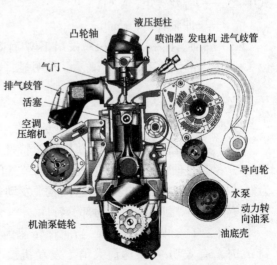

图2-1-7　AJR汽油发动机横剖图

清器、燃油泵、节气门体、喷油器、空气滤清器、进气歧管、排气歧管和排气消声器等组成。

（4）点火系统。汽油机点火系统的功用是按一定时刻向汽缸内提供电火花，及时地点燃汽缸中被压缩的可燃混合气。

点火系统通常由电源（蓄电池和发电机）、点火开关、点火线圈、火花塞等组成。

（5）冷却系统。冷却系统的功用是利用冷却介质冷却高温零件，并通过散热器将热量散发到大气中去，以保证发动机正常工作。

水冷式冷却系统通常由水泵、散热器、风扇、节温器、水套等组成。

（6）润滑系统。润滑系统的功用是将清洁的润滑油分送至各个摩擦表面，以减小摩擦和磨损，并清洗、冷却摩擦表面，从而延长发动机的使用寿命。

润滑系统一般由机油泵、机油滤清器、集滤器、限压阀、润滑油道、油底壳等组成。

（7）起动系统。起动系统的功用是带动飞轮旋转以获得必要的动能和起动转速，使静止的发动机起动并转入自行运转状态。

起动系统包括起动机及其附属装置。

五 发动机的主要性能指标与特性

1 发动机的主要性能指标

发动机的主要性能指标有动力性指标（有效转矩和有效功率）和经济性指标（燃油消耗率）。

（1）有效转矩。发动机通过飞轮对外输出的转矩称为有效转矩，以 T_e 表示。有效转矩与外界施加于发动机曲轴上的阻力矩相平衡。

（2）有效功率。发动机通过飞轮对外输出的功率称为发动机的有效功率，用 P_e 表示，它等于有效转矩与曲轴转速的乘积，即：

$$P_e = T_e \cdot \frac{n}{9550} \text{（kW）}$$

式中：T_e——有效转矩，N·m；
$\quad\quad n$——曲轴转速，r/min。

（3）燃油消耗率。发动机每发出 1kW 有效功率，在 1h 内所消耗的燃油量（以 g 为单位），称为燃油消耗率，用 g_e 表示。很明显，燃油消耗率越低，经济性越好。

2 发动机的特性

发动机的性能是随着许多因素而变化的，其变化规律称为发动机特性。

（1）发动机转速特性。发动机转速特性系指发动机的功率 P_e、转矩 T_e 和燃油消耗率 g_e 三者随曲轴转速 n 变化的规律。当节气门开到最大时，所得到的是总功率特性也称为发动机外特性（图 2-1-8），它代表了发动机所具有的最高动力性能。而把在节气门其他开度情况下得到的特性称为部分特性。

由图 2-1-8 中可以看出，当曲轴转速为 n_2 时，发动机发出最大转矩 T_e。当转速达到 n_3 时，有效功率 P_e 达最大值。发动机最小燃油消耗率 g_e 的相应转速为 n_5，它的数值一般是介于最大转矩时转速和最大功率时转速之间。

要根据汽车实际工作情况来选择合适的发动机转速 n。如超车时一般选择发动机有效功率 P_e 最大值所对应的发动机转速，爬陡坡时选择发动机最大转矩 T_e 所对应的发动机转速，而一般情况下尽量选择最小燃油消耗率 g_e 所对应的发动机转速，以提高燃油经济性。

（2）发动机工作状况。发动机工作状况（简称发动机工况）一般是用它的功率与曲轴转速来表征，有时也可用负荷与曲轴转速来表征。

发动机在某一转速之下的负荷就是当时发动机发出的功率与同一转速下所可能发出的最大功率之比，以百分数表示。在同一转速下，节气门开度越大表示负荷越大。

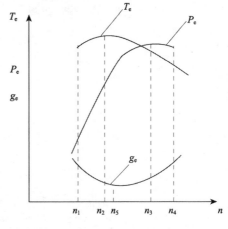

图2-1-8　发动机外特性

项目二　发动机总成的拆装

本项目以卡罗拉（1.6L）乘用车发动机总成为例进行说明。

卡罗拉（1.6L）乘用车发动机总成相关部件分解图如图 2-1-9 ～图 2-1-16 所示。

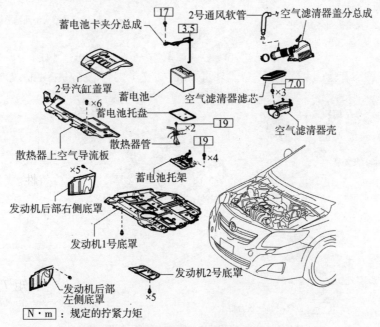

图2-1-9　拆装发动机总成相关部件分解图（1）

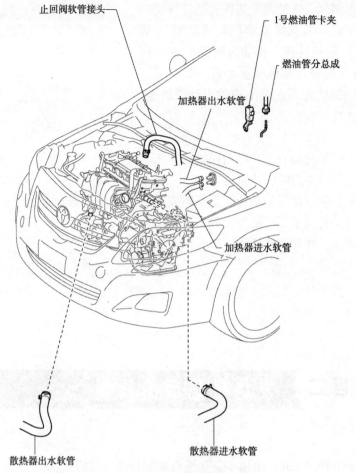

图2-1-10 拆装发动机总成相关部件分解图（2）

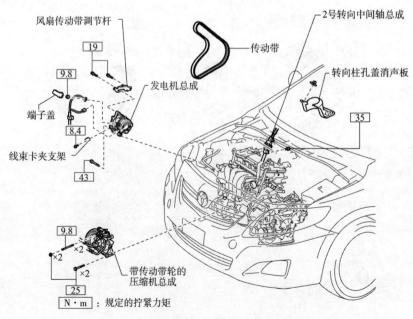

图2-1-11 拆装发动机总成相关部件分解图（3）

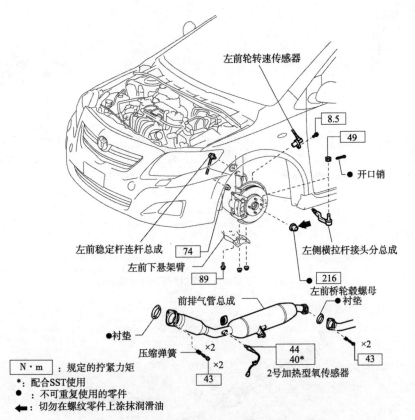

图2-1-12　拆装发动机总成相关部件分解图（4）

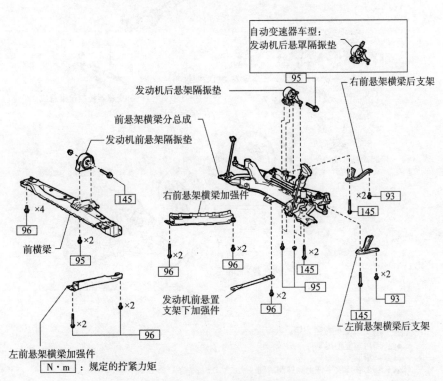

图2-1-13　拆装发动机总成相关部件分解图（5）

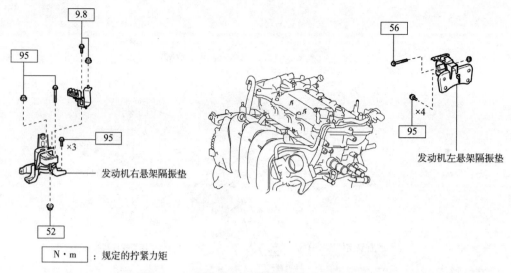

图2-1-14　拆装发动机总成相关部件分解图（6）

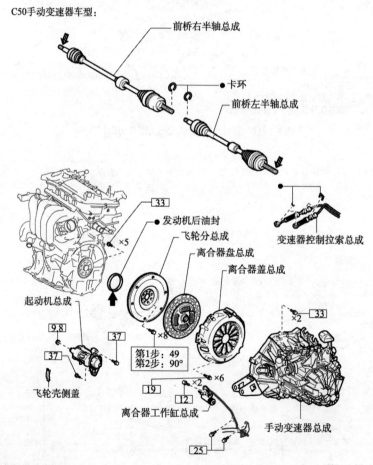

C50手动变速器车型：

$N\cdot m$：规定的拧紧力矩
● 不可重复使用零件
◆ 润滑脂
⇦ 切勿在螺纹零件上涂抹润滑油

图2-1-15　拆装发动机总成相关部件分解图（7）

U340E自动变速器车型：

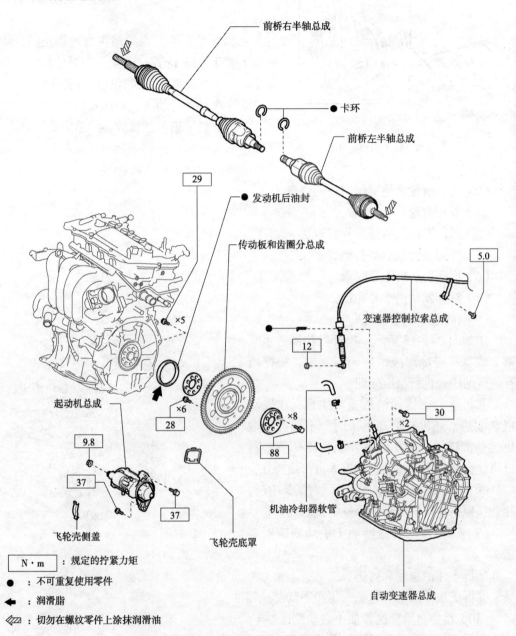

图2-1-16 拆装发动机总成相关部件分解图（8）

一、发动机总成的拆卸

（1）燃油系统卸压。注意：拆下任何燃油系统零件之前，执行下列程序以防止燃油溅出。即使执行下列程序之后，压力仍保留在燃油管路内。断开燃油管路时，用棉丝抹布或一块布盖住，以防止燃油喷出或涌出。

①拆下后排座椅坐垫总成。
②拆下后地板检修孔盖。

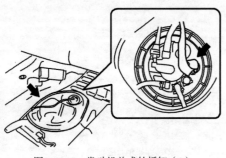

图2-1-17 发动机总成的拆卸（1）

③如图 2-1-17 所示，从燃油泵总成上断开连接器。

④起动发动机。在发动机自然停止后，将点火开关置于 OFF 位置。注意：在等待发动机自然停止时，不要提高发动机转速或行驶车辆。

⑤再次起动发动机，确认发动机不能起动。

⑥拆下燃油箱盖并释放燃油箱中的压力。

⑦从蓄电池负极端子上断开电缆。

⑧连接燃油泵总成连接器。

（2）定位前轮，使其面向正前位置。

（3）拆卸前轮。

（4）拆卸发动机后部左侧底罩。

（5）拆卸发动机后部右侧底罩。

（6）拆卸发动机 1 号底罩。

（7）拆卸发动机 2 号底罩。

（8）排空发动机冷却液。

①如图 2-1-18 所示，松开散热器放水螺塞。注意：将冷却液收集到容器中，根据所在地区的法规进行报废处理。

②拆下散热器储液罐盖。注意：在发动机和散热器还没有冷却下来时，不要拆下散热器储液罐盖。加压的热发动机冷却液和蒸汽可能会释放出来并导致附近人员严重烫伤。

③松开汽缸体放水螺塞，放出冷却液。注意：螺塞在排气歧管侧的发电机后面。

（9）排空手动变速器油（手动变速器车型）。

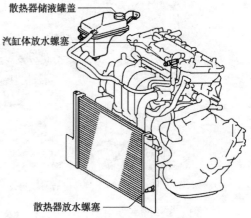

图2-1-18 发动机总成的拆卸（2）

①拆下注油螺塞和衬垫。

②拆下放油螺塞和衬垫，排净手动变速器油。

（10）排空自动变速器油（自动变速器车型）。

①拆下放油螺塞和衬垫，并排空自动变速器油（ATF）。

②安装衬垫和放油螺塞，拧紧力矩：49N·m。

（11）拆卸散热器上空气导流板。

（12）拆卸 2 号汽缸盖罩。如图 2-1-19 所示，握住罩的后端并提起，以脱开罩后端的 2 个卡子。继续提起罩，以脱开罩前端的 2 个卡子并拆下罩。注意：同时脱开前后卡子可能会使组盖破裂。

（13）拆卸空气滤清器盖分总成。

①如图 2-1-20 所示，断开质量空气流量计连接器，断开 2 个卡夹。

②如图 2-1-21 所示，断开箍带和通风软管，并拆下空气滤清器盖分总成。

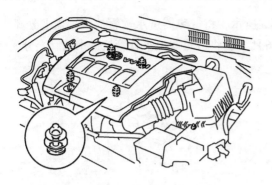

图2-1-19 发动机总成的拆卸（3）

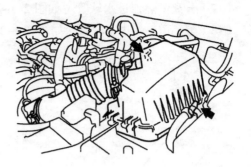

图2-1-20 发动机总成的拆卸（4）

（14）拆卸空气滤清器壳。
①将空气滤清器滤芯从空气滤清器上分离。
②如图 2-1-22 所示，从空气滤清器壳上拆下 3 个螺栓。

图2-1-21 发动机总成的拆卸（5）

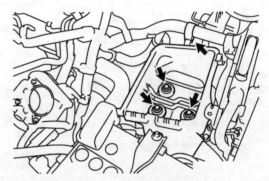

图2-1-22 发动机总成的拆卸（6）

（15）拆卸蓄电池。断开蓄电池端子，拆下螺栓并松开螺母，拆下蓄电池。注意：断开电缆时，重新连接电缆后需要对某些系统进行初始化。

（16）拆卸蓄电池托架。
①如图 2-1-23 所示，从蓄电池托架上分离 2 个线束卡夹。
②如图 2-1-24 所示，拆下 2 个螺栓。

图2-1-23 发动机总成的拆卸（7）

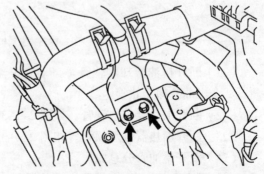

图2-1-24 发动机总成的拆卸（8）

③从蓄电池托架上分离散热器管。
④拆下 4 个螺栓和蓄电池托架。

（17）分离散热器进水软管。如图2-1-25所示，将散热器进水软管从汽缸盖上分离。

（18）分离散热器出水软管。如图2-1-26所示，将散热器出水软管从进水软管上分离。

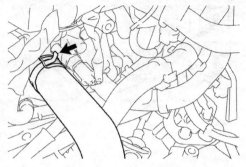

图2-1-25　发动机总成的拆卸（9）

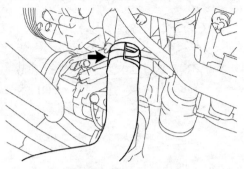

图2-1-26　发动机总成的拆卸（10）

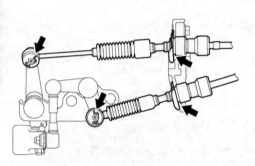

图2-1-27　发动机总成的拆卸（11）

（19）断开变速器控制拉索总成（手动变速器车型）。如图2-1-27所示，拆下2个卡子，并从手动变速器上断开2条拉索。拆下2个卡子，并从控制拉索支架上断开2条拉索。

（20）断开变速器控制拉索总成（自动变速器车型）。如图2-1-28所示，从控制拉索支架上断开控制拉索。拆下螺母，并将控制拉索从控制杆上断开。拆下卡子并从控制拉索支架上断开控制拉索。拆下螺栓，并断开控制拉索的卡夹。

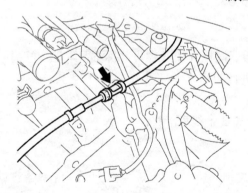

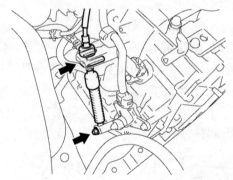

图2-1-28　发动机总成的拆卸（12）

（21）断开机油冷却器软管（自动变速器车型）。如图2-1-29所示，从自动变速器上断开2个机油冷却器软管。

（22）断开加热器出水软管。如图2-1-30所示，从加热装置上断开加热器出水软管。

（23）断开加热器进水软管。如图2-1-31所示，从加热装置上断开加热器进水软管。

（24）断开燃油管分总成。

①如图2-1-32所示，松开卡爪并拆下1号燃油管卡夹。

②如图2-1-33所示，捏住挡片，然后将燃油管连接器从燃油管上拉出。注意：操作前，清除燃油管连接器上的污垢和异物。由于燃油管连接器有用以密封油管的O形圈，所以在断开时不要刮伤零件或让任何异物进入。用手进行该操作，不要使用任何工具，不要

用力使尼龙管弯曲、打结或扭曲。断开燃油管后，用塑料袋盖上断开连接的零件以对其进行保护。如果燃油管连接器和油管黏在一起，推拉使其松开。

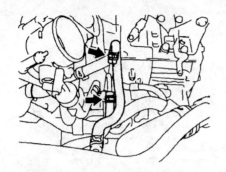

图2-1-29　发动机总成的拆卸（13）

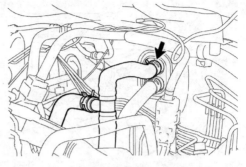

图2-1-30　发动机总成的拆卸（14）

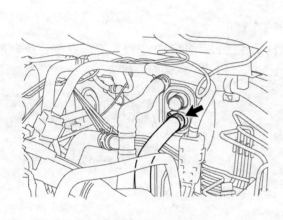

图2-1-31　发动机总成的拆卸（15）

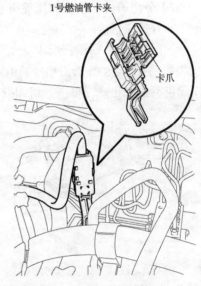

图2-1-32　发动机总成的拆卸（16）

（25）拆卸传动带。

（26）拆卸发电机总成。

①如图2-1-34所示，拆下端子盖，拆下螺母并将线束从端子B上断开，断开连接器和线束卡夹。

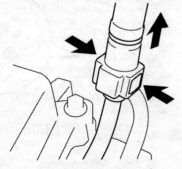

图2-1-33　发动机总成的拆卸（17）

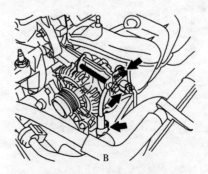

图2-1-34　发动机总成的拆卸（18）

②如图2-1-35所示，拆下2个螺栓和发电机总成。
③如图2-1-36所示，拆下螺栓和线束卡夹支架。

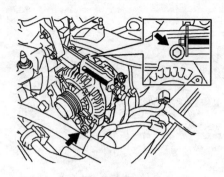

图2-1-35 发动机总成的拆卸（19）

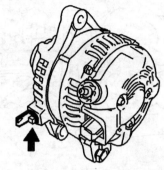

图2-1-36 发动机总成的拆卸（20）

（27）分离带传动带轮的压缩机总成。
①断开连接器。
②如图2-1-37所示，拆下2个螺栓和2个螺母。
③如图2-1-38所示，用"TORX"套筒扳手（E8）拆下2个双头螺栓和带传动带轮的压缩机总成。注意：将压缩机和软管移至一旁，以避免空调系统排放。

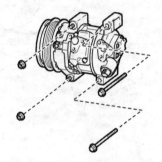

图2-1-37 发动机总成的拆卸（21）

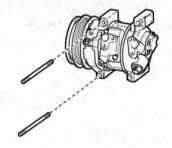

图2-1-38 发动机总成的拆卸（22）

（28）分离离合器工作缸总成（手动变速器车型）。如图2-1-39所示，拆下5个螺栓和离合器管支架，并分离离合器工作缸总成。

（29）断开线束。
①如图2-1-40所示，将杆向上拉，并断开发动机控制计算机的连接器。

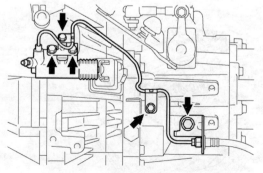

图2-1-39 发动机总成的拆卸（23）

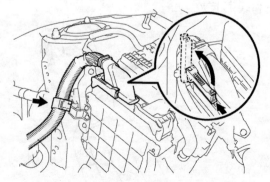

图2-1-40 发动机总成的拆卸（24）

②如图2-1-41所示，拆下2个螺母，将连接器和2个卡夹从发动机舱接线盒上拆下，并断开线束。

③如图2-1-42所示，拆下螺栓和卡夹（手动变速器车型）。

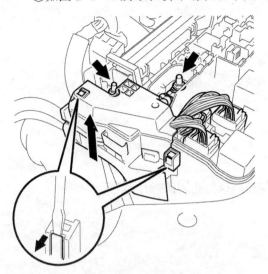

图2-1-41　发动机总成的拆卸（25）

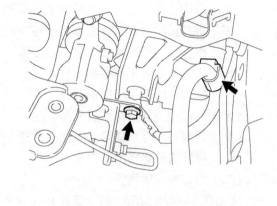

图2-1-42　发动机总成的拆卸（26）

④如图2-1-43所示，拆下螺栓和卡夹（自动变速器车型）。

⑤断开所有线束和连接器，确保车身和发动机之间没有连接任何线束。

（30）固定转向盘。

（31）拆卸转向柱孔盖消声板。

（32）分离2号转向中间轴总成。

（33）断开1号转向柱孔盖分总成。

（34）断开2号加热型氧传感器。

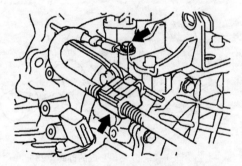

图2-1-43　发动机总成的拆卸（27）

（35）拆卸前排气管总成。

（36）拆卸左前桥轮毂螺母。

（37）拆卸右前桥轮毂螺母。注意：与左侧执行相同的操作程序。

（38）断开左前轮转速传感器。

（39）断开右前轮转速传感器。注意：与左侧执行相同的操作程序。

（40）分离左侧横拉杆接头分总成。

（41）分离右侧横拉杆接头分总成。注意：与左侧执行相同的操作程序。

（42）分离左前稳定杆连杆总成。

（43）分离右前稳定杆连杆总成。注意：与左侧执行相同的操作程序。

（44）分离左前下悬架臂。

（45）分离右前下悬架臂。注意：与左侧执行相同的操作程序。

（46）分离带左侧车桥轮毂的转向节。

①如图2-1-44所示，在半轴和车桥轮毂上做装配标记。注意：不要使用冲头做标记。

②使用塑料锤,断开左前桥总成。注意:不要损坏防尘套和转速传感器转子。不要将半轴从车桥总成上过度推出。

(47)分离带右侧车桥轮毂的转向节。注意:与左侧执行相同的操作程序。
(48)拆卸前桥左半轴总成。
(49)拆卸前桥右半轴总成。
(50)拆卸飞轮壳底罩(自动变速器车型)。
(51)拆卸传动板和变矩器固定螺栓(自动变速器车型)。
(52)拆卸发动机前悬置支架下加强件。
(53)拆卸左前悬架横梁加强件。
(54)拆卸右前悬架横梁加强件。
(55)拆卸左前悬架横梁后支架。
(56)拆卸右前悬架横梁后支架。注意:与左侧执行相同的操作程序。
(57)拆卸前悬架横梁分总成。
(58)拆卸前悬架横梁。
①如图 2-1-45 所示,拆下螺栓和螺母。

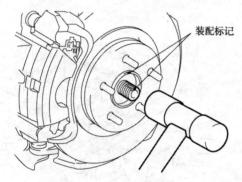

图2-1-44 发动机总成的拆卸(28)

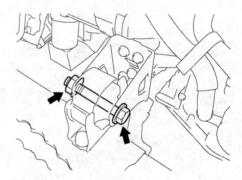

图2-1-45 发动机总成的拆卸(29)

②将发动机前悬置隔振垫从发动机前悬置支架上拆下。
③如图 2-1-46 所示,拆下 4 个螺栓和前悬架横梁。
(59)拆卸带变速器的发动机总成。

①如图 2-1-47 所示,固定发动机升降机。注意:将发动机放置在木块或同等物品上,使发动机水平放置。

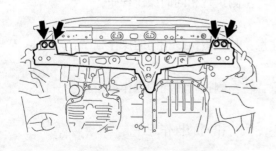

图2-1-46 发动机总成的拆卸(30)

图2-1-47 发动机总成的拆卸(31)

② 如图 2-1-48 所示，拆下 2 个螺栓和螺母，分离发动机右侧悬置隔振垫。

③ 如图 2-1-49 所示，拆下螺栓和螺母，分离发动机左侧悬置隔振垫。小心地将带变速器的发动机从车辆上拆下。

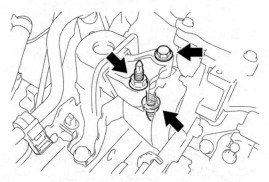 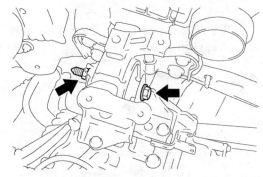

图2-1-48　发动机总成的拆卸（32）　　　　图2-1-49　发动机总成的拆卸（33）

（60）拆卸发动机前悬置隔振垫。如图 2-1-50 所示，拆下 2 个螺栓和发动机前悬置隔振垫。注意：仅在发动机悬置隔振垫需要更换时执行该程序。

（61）拆卸发动机后悬置隔振垫。如图 2-1-51 所示，拆下螺栓和螺母，分离发动机后侧悬置隔振垫。

 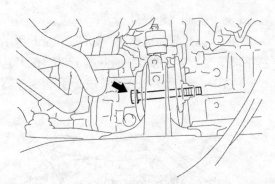

图2-1-50　发动机总成的拆卸（34）　　　　图2-1-51　发动机总成的拆卸（35）

（62）拆卸发动机左侧悬置隔振垫。如图 2-1-52 所示，拆下 4 个螺栓和发动机左侧悬置隔振垫。注意：仅在发动机悬置隔振垫需要更换时执行该程序。

（63）拆卸发动机右侧悬置隔振垫。

① 如图 2-1-53 所示，拆下螺栓和螺母，并分离空调支架。

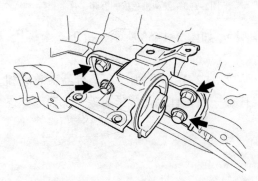 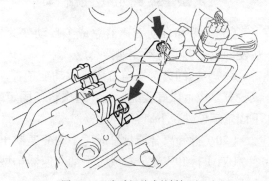

图2-1-52　发动机总成的拆卸（36）　　　　图2-1-53　发动机总成的拆卸（37）

②如图2-1-54所示,拆下3个螺栓和发动机右侧悬置隔振垫。注意:仅在发动机悬置隔振垫需要更换时执行该程序。

(64)安装发动机吊架。

①拆下质量空气流量计支架。

②如图2-1-55所示,用2个螺栓安装2个发动机吊架,拧紧力矩:43N·m。注意:1号发动机吊架零件号为12281-37020,2号发动机吊架零件号为12282-37010,螺栓零件号为91552-81050。

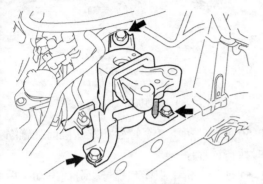 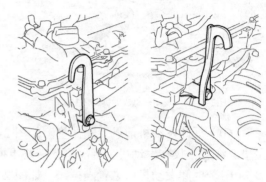

图2-1-54 发动机总成的拆卸(38)　　　　图2-1-55 发动机总成的拆卸(39)

(65)拆卸飞轮壳侧盖。

(66)拆卸起动机总成。如图2-1-56所示,分离2个线束卡夹,拆下螺栓和线束支架,拆下端子盖,拆下螺母并断开端子30。断开连接器,拆下2个螺栓并拆下起动机总成。

(67)拆卸手动变速器总成(手动变速器车型)。如图2-1-57所示,拆下7个螺栓和手动变速器总成。

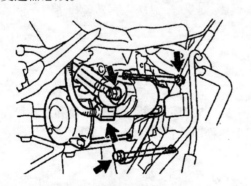 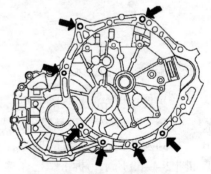

图2-1-56 发动机总成的拆卸(40)　　　　图2-1-57 发动机总成的拆卸(41)

(68)拆卸自动变速器总成(自动变速器车型)。如图2-1-58所示,拆下7个螺栓,从发动机上拆下自动变速器总成。

(69)拆卸离合器盖总成(手动变速器车型)。如图2-1-59所示,在离合器盖总成和飞轮分总成上做好装配标记。每次将各固定螺栓拧松一圈,直至弹簧张力被完全释放。拆下固定螺栓并拉下离合器盖。

(70)拆卸离合器盘总成(手动变速器车型)。

(71)拆卸飞轮分总成(手动变速器车型)。

①如图 2-1-60 所示，用 SST 09213-58013、09330-00021 固定住曲轴。注意：安装 SST 时要检查其安装位置，以防止 SST 安装螺栓接触正时链条盖分总成。

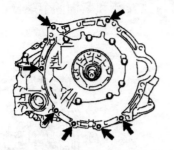

图2-1-58　发动机总成的拆卸（42）

图2-1-59　发动机总成的拆卸（43）

②如图 2-1-61 所示，拆下 8 个螺栓和飞轮。

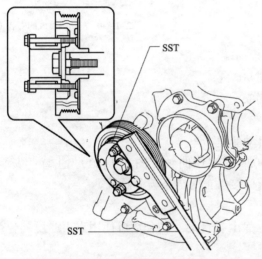

图2-1-60　发动机总成的拆卸（44）

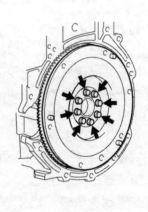

图2-1-61　发动机总成的拆卸（45）

（72）拆卸传动板和齿圈分总成（自动变速器车型）。

①用 SST 09213-58013、09330-00021 固定住曲轴（图 2-1-60）。注意：安装 SST 时要检查其安装位置，以防止 SST 安装螺栓接触正时链条盖分总成。

②如图 2-1-62 所示，拆下 8 个螺栓、后隔垫、传动板和前隔垫。

（73）拆卸发动机线束。

二　发动机总成的安装

（1）安装发动机线束。

（2）安装飞轮分总成（手动变速器车型）。

①用 SST 09213-58013、09330-00021 固定住曲轴（图 2-1-60）。注意：安装 SST 时要检查其安装位置，以防止 SST 安装螺栓接触正时链条盖分总成。

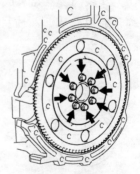

图2-1-62　发动机总成的拆卸（46）

②如图2-1-63所示，在新螺栓的2个或3个螺纹端上涂抹黏合剂。黏合剂可使用丰田原厂黏合剂1324、Three Bond 1324或同等产品。

③按图2-1-64所示顺序，分8个步骤，均匀地安装和紧固8个螺栓。拧紧力矩：49N·m。

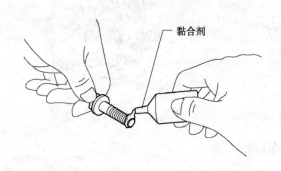

图2-1-63 发动机总成的安装（1）

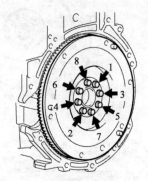

图2-1-64 发动机总成的安装（2）

④如图2-1-65所示，用油漆在螺栓前端作标记。

⑤按相同顺序，将8个螺栓再紧固90°。

⑥检查并确认油漆标记现在与前端成90°。

⑦检查并确认曲轴转动顺畅。

（3）安装传动板和齿圈分总成（自动变速器车型）。

①用SST 09213-58013、09330-00021固定住曲轴（图2-1-60）。注意：安装SST时要检查其安装位置，以防止SST安装螺栓接触正时链条盖分总成。

②清洁螺栓和螺栓孔。

③在螺栓末端的2个或3个螺纹上涂上黏合剂。黏合剂可使用丰田原厂黏合剂1324、Three Bond 1324或同等产品。

④用8个螺栓安装前隔垫、传动板和后隔垫。均匀地紧固8个螺栓（图2-1-62），拧紧力矩：88N·m。

（4）安装离合器盘总成（手动变速器车型）。如图2-1-66所示，用SST 09301-00110插入离合器盘总成，然后将它们一起插入飞轮分总成。注意：按正确方向插入离合器盘总成。

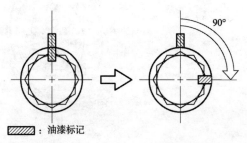

图2-1-65 发动机总成的安装（3）

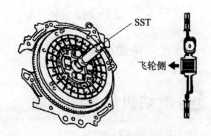

图2-1-66 发动机总成的安装（4）

（5）安装离合器盖总成（手动变速器车型）。将离合器盖总成上的装配标记和飞轮分总成上的装配标记对准。按照图2-1-67所示的步骤，从位于顶部锁销附近的螺栓开始，按顺序拧紧6个螺栓，拧紧力矩：19N·m。注意：按照图2-1-67所示的顺序，每次均匀拧紧一个螺栓，检查并确认离合器盘位于中心位置后，上下左右轻微地移动SST 09301-00110，然后拧紧螺栓。

（6）检查并调整离合器盖总成（手动变速器车型）。

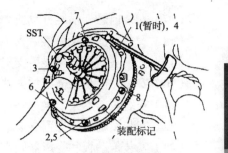

图2-1-67 发动机总成的安装（5）

（7）安装手动变速器总成（手动变速器车型）。使输入轴和离合器盘对齐，并将手动变速器安装至发动机。安装7个螺栓（图2-1-57），拧紧力矩：33N·m。

（8）安装自动变速器总成（自动变速器车型）。用7个螺栓将自动变速器总成安装至发动机（图2-1-58），拧紧力矩：30N·m。

（9）安装起动机总成。用2个螺栓安装起动机总成（图2-1-56），拧紧力矩：37N·m。连接连接器，用螺母连接端子30，拧紧力矩：9.8N·m。合上端子盖，用螺栓安装线束支架，拧紧力矩：8.4N·m。安装2个线束卡夹。

（10）安装飞轮壳侧盖。

（11）安装发动机前悬置隔振垫（图2-1-50）。用2个螺栓安装发动机前悬置隔振垫，拧紧力矩：95N·m。注意：仅在发动机悬置隔振垫需要更换时执行该程序。

（12）安装发动机后悬置隔振垫（图2-1-51）。用贯穿螺栓将发动机后悬置隔振垫安装至发动机悬置支架，拧紧力矩：95N·m。

（13）安装发动机左侧悬置隔振垫（图2-1-52）。用4个螺栓安装发动机左侧悬置隔振垫，拧紧力矩：95N·m。注意：仅在发动机悬置隔振垫需要更换时执行该程序。

（14）安装发动机右侧悬置隔振垫。

①用3个螺栓安装发动机右侧悬置隔振垫（图2-1-54），拧紧力矩：95N·m。

②用螺栓和螺母将空调支架安装至发动机悬置隔振垫（图2-1-53），拧紧力矩：9.8N·m。注意：仅在发动机悬置隔振垫需要更换时执行该程序。

（15）安装带变速器的发动机总成。

①将带变速器的发动机总成和前悬架横梁放置在发动机升降机上（图2-1-47）。

②操作发动机升降机，将带变速器的发动机总成和前悬架横梁举升至发动机左侧和右侧悬置隔振垫可以安装的位置。注意：不要使发动机举升过高。如果发动机举升过高，车辆也可能被举升。确保发动机上没有任何配线和软管。将发动机举升进入车辆时，不要使其接触车辆。

③使用贯穿螺栓和螺母安装发动机左侧悬置隔振垫（图2-1-49），拧紧力矩：56N·m。

④如图2-1-68所示，使用螺栓和2个螺母安装发动机右侧悬置隔振垫。螺母A的拧紧力矩：95N·m；螺母B的拧紧力矩：52N·m；螺栓的拧紧力矩：95N·m。

（16）安装前横梁。

①用4个螺栓安装前横梁（图2-1-46），拧紧力矩：96N·m。

②用螺栓和螺母将发动机前悬置隔振垫安装至发动机前悬置支架（图2-1-45），拧紧力矩：145N·m。

（17）安装前悬架横梁分总成。
（18）安装左前悬架横梁后支架。
（19）安装右前悬架横梁后支架。注意：与左侧执行相同的操作程序。
（20）安装左前悬架横梁加强件。
（21）安装右前悬架横梁加强件。
（22）安装发动机前悬置支架下加强件。
（23）安装传动板和变矩器固定螺栓（自动变速器车型）。
（24）安装飞轮壳底罩（自动变速器车型）。
（25）安装前桥左半轴总成。
（26）安装前桥右半轴总成。
（27）安装带左侧车桥轮毂的转向节。如图 2-1-69 所示，对准装配标记，并将前桥半轴总成连接至左前桥总成。

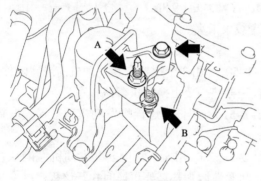

图2-1-68 发动机总成的安装（6）

图2-1-69 发动机总成的安装（7）

（28）安装带右侧车桥轮毂的转向节。注意：与左侧执行相同的操作程序。
（29）安装左前下悬架臂。
（30）安装右前下悬架臂。注意：与左侧执行相同的操作程序。
（31）安装左前稳定杆连杆总成。
（32）安装右前稳定杆连杆总成。注意：与左侧执行相同的操作程序。
（33）连接左侧横拉杆接头分总成。
（34）连接右侧横拉杆接头分总成。注意：与左侧执行相同的操作程序。
（35）安装左前轮转速传感器。
（36）安装右前轮转速传感器。注意：与左侧执行相同的操作程序。
（37）安装左前桥轮毂螺母。
（38）安装右前桥轮毂螺母。注意：与左侧执行相同的操作程序。
（39）安装前排气管总成。
（40）安装 2 号加热型氧传感器。
（41）安装 1 号转向柱孔盖分总成。
（42）安装 2 号转向中间轴总成。
（43）安装转向柱孔盖消声板。
（44）安装线束。

①用螺栓和卡夹将搭铁线安装至发动机舱线束（手动变速器车型）（图2-1-42），拧紧力矩：13N·m。

②用螺栓和卡夹将搭铁线安装至发动机舱线束（自动变速器车型）（图2-1-43），拧紧力矩：26N·m。

③如图2-1-70所示，用2个螺母安装线束，拧紧力矩：8.4N·m。将线束连接器和线束卡夹连接至发动机舱接线盒。

④如图2-1-71所示，用卡夹和锁止杆将连接器连接至发动机控制计算机。

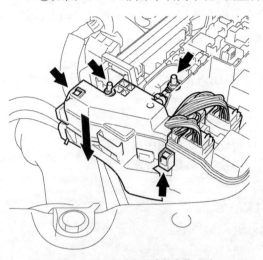

图2-1-70 发动机总成的安装（8）

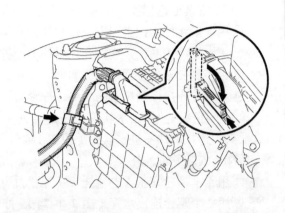

图2-1-71 发动机总成的安装（9）

（45）安装离合器工作缸总成（手动变速器车型）。如图2-1-72所示，用5个螺栓和离合器管支架，安装离合器工作缸总成。螺栓A的拧紧力矩：12N·m；螺栓B的拧紧力矩：12N·m；螺栓C的拧紧力矩：8.0N·m。

（46）安装带传动带轮的压缩机总成。

（47）安装发电机总成。

①用螺栓安装线束卡夹支架（图2-1-36），拧紧力矩：8.4N·m。

②用2个螺栓暂时安装发电机总成（图2-1-35）。

③用螺母将线束安装到端子B并安装端子盖（图2-1-34），拧紧力矩：9.8N·m。

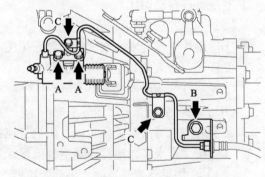

图2-1-72 发动机总成的安装（10）

④安装连接器和线束卡夹。

（48）安装传动带。

（49）调整传动带。

（50）检查传动带。

（51）连接燃油管分总成。

①连接燃油管连接器和燃油管。注意：将燃油管连接器和管对准，然后将燃油管连接器推入，直至夹持器发出"咔嗒"声。如果连接过紧，则在燃油管顶部涂抹少量发动机机油。连接后，拉动管和连接器，以确保连接牢固。

②接合卡爪并安装1号燃油管卡夹（图2-1-32）。

（52）连接加热器进水软管（图2-1-31）。用卡夹连接加热器进水软管。

（53）连接加热器出水软管。用卡夹连接加热器出水软管。

（54）连接止回阀软管接头（图2-1-30）。用卡夹将接头连接至止回阀软管。

（55）连接机油冷却器软管（自动变速器车型）（图2-1-29）。用卡夹连接2个机油冷却器软管。

（56）安装变速器控制拉索总成（手动变速器车型）（图2-1-27）。用2个新的卡子将变速器控制拉索安装至变速器控制拉索支架。用2个卡子将变速器控制拉索安装至手动变速器。

（57）安装变速器控制拉索总成（自动变速器车型）（图2-1-28）。

①用卡子将控制拉索固定至控制拉索支架。

②用螺母将控制拉索连接到控制杆上，拧紧力矩：12N·m。

③将控制拉索连接到拉索支架上。

④用螺栓连接控制拉索的卡夹，拧紧力矩：12N·m。

（58）连接散热器出水软管（图2-1-26）。用卡夹连接散热器出水软管。

（59）连接散热器进水软管（图2-1-25）。用卡夹连接散热器进水软管。

（60）安装蓄电池托架。

①用4个螺栓安装蓄电池托架，拧紧力矩：19N·m。

②用2个螺栓连接水管（图2-1-24），拧紧力矩：19N·m。

③连接2个线束卡夹（图2-1-23）。

（61）安装蓄电池。

①安装蓄电池卡夹，螺栓的拧紧力矩：17N·m；螺母的拧紧力矩：3.5N·m。

②安装蓄电池端子，拧紧力矩：5.4N·m。注意：断开电缆时，重新连接电缆后需要对某些系统进行初始化。

（62）安装空气滤清器壳。

①使用3个螺栓安装空气滤清器壳（图2-1-22），拧紧力矩：7.0N·m。

②将线束卡夹安装至空气滤清器壳。

③安装空气滤清器滤芯。

（63）安装空气滤清器盖分总成。

①安装空气滤清器盖分总成，用箍带连接通风软管（图2-1-21）。

②连接2个卡夹，连接质量空气流量计连接器（图2-1-20）。

（64）添加手动变速器油（手动变速器车型）。

①安装新衬垫和放油螺塞，拧紧力矩：39N·m。

②添加手动变速器油。

③安装变速器注油螺塞和新衬垫，拧紧力矩：39N·m。

（65）检查并调整手动变速器油（手动变速器车型）。

①将车辆停放到平坦路面上。

②拆下变速器注油螺塞和衬垫。

③如图2-1-73所示，检查并确认油面在变速器注油螺塞开口最低点以下5mm范围内。

④油位低时，检查变速器油是否泄漏。

⑤安装变速器注油螺塞和新衬垫，拧紧力矩：39N·m。

（66）加注自动变速器油（自动变速器车型）。油液类型：丰田原厂ATF WS；加注量：2.9L。

（67）检查自动变速器油（自动变速器车型）。注意：驾驶车辆，使发动机和自动变速器处于正常工作温度下（70～80℃）。

①将车辆停放在水平地面上，并施加驻车制动。

②在发动机怠速且制动踏板踩下的情况下，将换挡杆换到从P位置到L位置的所有位置，然后回到P位置。

③拉出机油尺并将其擦干净。

④将机油尺完全推回到油管中。

⑤再次拉出机油尺，并检查液位是否在HOT范围内（图2-1-74）。如果液位低于HOT范围，加注新机油并重新检查液位。如果液位超过HOT范围，排放一次，添加适量的新机油并重新检查液位。

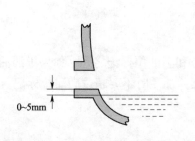

图2-1-73 发动机总成的安装（11）

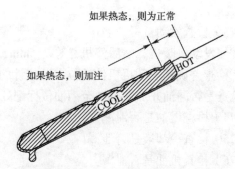

图2-1-74 发动机总成的安装（12）

（68）检查自动变速器油是否泄漏（自动变速器车型）。

（69）检查换挡杆位置（自动变速器车型）。

①当点火开关置于ON位置且踩下制动踏板时，将换挡杆从P位置换至R位置，确保换挡杆平稳地换挡至正确位置。

②起动发动机，确保将换挡杆从N位置换至D位置时车辆向前行驶，将其换至R位置时车辆向后行驶。如果不能按规定执行操作，检查驻车挡/空挡位置开关总成，并检查换挡杆总成的安装情况。

（70）调节换挡杆位置（自动变速器车型）。

（71）添加发动机冷却液。

①紧固散热器放水螺塞。

②紧固汽缸体放水螺塞，拧紧力矩：13N·m。

③将丰田超长效冷却液（SLLC）添加至散热器储液罐加注口，手动变速器车型标准容量：5.6L，自动变速器车型标准容量：5.5L。

④如图2-1-75所示，拆下散热器盖并将冷却液添加至储液罐B刻度线。

⑤用手按压散热器进水软管和出水软管数次，检查冷却液液位。如果冷却液液压过低，添加冷却液。

⑥安装盖子和阀门，使发动机充分暖机。

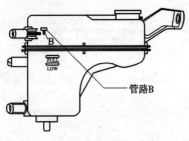

图2-1-75 发动机总成的安装（13）

⑦排空冷却系统内的空气。注意：起动发动机前，关闭空调开关。将空调的温度调整为MAX（HOT）。将空调鼓风机设置调整为LOW。

a. 发动机暖机至节温器打开。节温器打开时，使冷却液循环数分钟。

b. 发动机暖机后，按照以下周期运行发动机到少7min：以3000r/min的转速运转5s，急速运转45s（按相同周期重复操作至少8次）。

c. 用手按压散热器进水软管和出水软管数次，以排空系统空气。

⑧发动机冷却后，检查并确认冷却液液位应在FULL和LOW刻度线之间（图2-1-75）。如果冷却液液位低，则向储液罐内添加冷却液至FULL线。

（72）添加发动机机油。添加新的发动机机油并安装机油加注口盖。机油滤清器更换时放空后的重新加注量：4.2L；不更换机油滤清器时放空后的重新加注量：3.9L；净注入量：4.7L。

（73）检查发动机机油油位。

①使发动机暖机，然后停机并等待5min。

②检查并确认发动机机油油位在油位计的低油位和满油位标记之间。如果机油油位过低，检查是否漏油并加注机油至满油位标记处。注意：加注时不要超过满油位标记。

（74）检查燃油是否泄漏。

（75）检查冷却液是否泄漏。

（76）检查机油是否泄漏。

（77）检查废气是否泄漏。

（78）安装发动机2号底罩。

（79）安装发动机1号底罩。

（80）安装发动机后部左侧底罩。

（81）安装发动机后部右侧底罩。

（82）安装前轮，拧紧力矩：103N·m。

（83）检查点火正时。

（84）检查发动机怠速转速。

（85）检查CO/HC。

（86）调整前轮定位。

（87）安装2号汽缸盖罩（图2-1-19）。接合4个卡子，以安装2号汽缸盖罩。注意：一定要牢固地接合卡子。不要施加过大的力或敲击汽缸组盖以接合卡子，这可能会导致汽缸组盖破裂。

（88）安装散热器上空气导流板。

（89）检查防抱死制动系统（ABS）转速传感器信号（不带车辆稳定控制系统的车型）。

（90）检查防抱死制动系统（ABS）转速传感器信号（带车辆稳定控制系统的车型）。

单元 2　曲柄连杆机构

项目一　曲柄连杆机构的结构和工作原理

一、曲柄连杆机构的功用和组成

曲柄连杆机构是往复活塞式内燃机将热能转变为机械能的主要机构，其功用是把燃气作用在活塞顶面上的压力转变为曲轴的转矩，向外输出动力。

曲柄连杆机构由机体组、活塞连杆组和曲轴飞轮组3部分组成。机体组主要包括汽缸盖罩、汽缸盖、汽缸垫、汽缸体及油底壳等；活塞连杆组主要包括活塞、活塞环、活塞销、连杆等；曲轴飞轮组主要包括曲轴、飞轮等。

二、曲柄连杆机构主要部件的构造

1. 机体组

发动机的机体组（图2-2-1）主要由汽缸体、曲轴箱、汽缸盖、汽缸盖罩、汽缸垫、油底壳等组成。机体组是发动机的骨架，是发动机各机构和系统的装配基体。

❶ 汽缸体

水冷发动机的汽缸体和曲轴箱常制成一体，而且多缸发动机的各个汽缸也合铸成一个整体（图2-2-2），称为汽缸体—曲轴箱，简称汽缸体。汽缸体上半部有若干个为活塞在其中运动导向的圆柱形空腔，称为汽缸。下半部为支承曲轴的曲轴箱，其内腔为曲轴旋转的空间。

❶ 汽缸的排列方式

根据汽缸排列形式不同，汽缸体分直列式、V形式、对置式等形式。

（1）直列式（图2-2-3）。各汽缸排成一直列的称为直列式汽缸排列，其特点是机体的宽度小而高度和长度大，一般只用于六缸以下的发动机，通常把采用直列式汽缸排列的发动机称为直列式发动机。

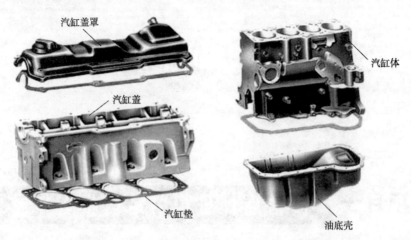

图2-2-1 机体组

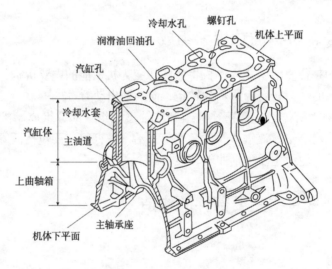

图2-2-2 水冷发动机的汽缸体

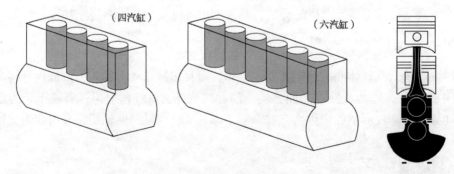

图2-2-3 直列式

（2）V形式（图2-2-4）。两列汽缸排成V形的称为V形式汽缸排列，V形发动机汽缸体宽度大，而长度和高度小，形状比较复杂。但汽缸体的刚度大，质量和外形尺寸较小，多用于六缸以上大功率发动机上，通常把此种发动机称为V形发动机。V形的打开角度被称为V形汽缸夹角，为了平衡，V6发动机的汽缸平角最好为90°，V8发动机的汽缸夹角最好为60°。

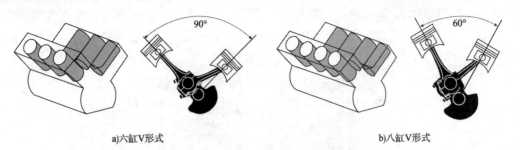

图2-2-4　V形式

（3）对置式（图2-2-5）。对置式发动机是指两列汽缸水平相对排列，其优点是重心低，而且对置式发动机的平衡性较好。

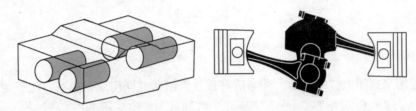

图2-2-5　对置式

❷ 汽缸体的冷却

汽车发动机多采用水冷的方式（图2-2-2），利用水套中的冷却液流过高温零件的周围而带走多余的热量。风冷发动机一般将汽缸体与曲轴箱分开铸造，为增强散热效果，在汽缸体与汽缸盖的外表面铸有散热片，如图2-2-6所示。

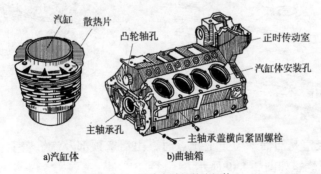

图2-2-6　风冷发动机的汽缸体

❸ 汽缸套

某些轿车发动机采用合金铸铁无汽缸套式的汽缸体，即不镶嵌任何汽缸套，在汽缸体上直接加工出汽缸。这可以缩短汽缸中心距，使汽缸体的尺寸和质量减少，刚度大，工艺性好。但是为了保证汽缸的耐磨性，整个汽缸体必须采用耐磨的合金铸铁制造，成本较高。

现代汽车多采用在汽缸体内镶入耐磨性较好的汽缸套，延长汽缸的使用寿命。根据是否与冷却液相接触，汽缸套分为干式汽缸套和湿式汽缸套。

（1）干式汽缸套。汽缸套的外表面不直接与冷却液接触的称为干式汽缸套，如图2-2-7a）所示。

（2）湿式汽缸套。湿式汽缸套则与冷却液接触，如图2-2-7b）所示。大多数湿式汽缸套装入后，其顶面一般高出汽缸体0.05～0.15mm，这样在紧固汽缸盖螺栓时，可将汽缸垫压得更紧，以保证汽缸的密封性，防止漏水、漏气。

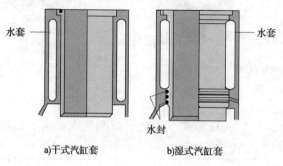

图2-2-7 汽缸套

❷ 汽缸盖

汽缸盖用来封闭汽缸的上部，并与活塞顶、汽缸壁共同构成燃烧室。汽缸盖内有与汽缸体相通的冷却水套、燃烧室、火花塞座孔（汽油机）或喷油器座孔（柴油机）、进气道和排气道等。上置凸轮轴式发动机的汽缸盖上还有用以安装凸轮轴的轴承座。图2-2-8所示为发动机的汽缸盖分解图。

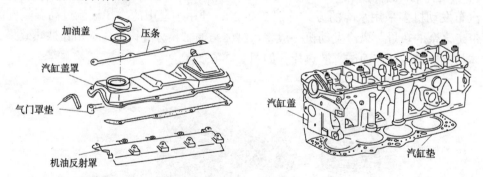

图2-2-8 汽缸盖分解图

汽油机的燃烧室是当活塞位于上止点时，由活塞顶部及汽缸盖上相应的凹部空间组成。汽油机常用燃烧室如图2-2-9所示。

（1）盆形燃烧室。由于断面形状像澡盆，由此得名。盆形燃烧室上面有进气门、排气门，弯曲的进气歧管和排气管，容易产生进气涡流，但进气效率较低。

（2）倾斜盆形燃烧室。燃烧室上部是倾斜的，能产生较大的压缩比。

（3）楔形燃烧室。从前面看它的形状为楔形。进气门与排气门是直立的，燃烧室具有可以产生高压缩比、容易形成进气涡流等优点。其燃烧室表面积大，可以防止异常燃烧，但热损失大。

（4）半球形燃烧室。在燃烧室容积相同的情况下，半球形燃烧室的表面积最小，因此具有良好的热效率。火花塞置于燃烧室最高点，因此能让火焰快速扩张并充满整个燃烧室，能防止爆震。

（5）多球形燃烧室。进气门与排气门大，易形成进气涡流，是由两个半球组合而成的。但是表面积增大了，热效率比半球形燃烧室差。

（6）屋脊形燃烧室。形状像三角房屋的屋顶一样。屋脊形燃烧室容积小、燃料经济性好、输出功率大，能产生强烈的进气涡流，是高压缩比、高性能的燃烧室。

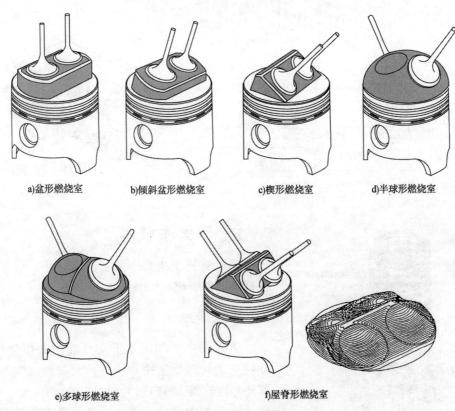

a) 盆形燃烧室　　b) 倾斜盆形燃烧室　　c) 楔形燃烧室　　d) 半球形燃烧室

e) 多球形燃烧室　　f) 屋脊形燃烧室

图2-2-9　汽油机燃烧室

3 汽缸垫

汽缸体与汽缸盖间装有汽缸垫（图2-2-10），用来保证汽缸体与汽缸盖接合面间的密封，防止气体、冷却液和润滑油等的泄漏。汽缸垫有金属—石棉汽缸垫和纯金属汽缸垫等结构形式。

4 汽缸盖罩

汽缸盖罩（图2-2-8）位于汽缸盖上部，起封闭及防尘作用，一般由薄钢板冲压而成，其上设有注油口。

5 油底壳

油底壳（图2-2-11）的作用是储存机油并封闭曲轴箱。一般为薄钢板冲压而成。某些发动机为达到良好的散热效果，采用了铝合金铸造的油底壳，在壳的底部还铸有散热片。为保证发动机纵向倾斜时机油泵仍能吸到机油，油底壳中部或后部作得较深。有时在油底壳中还设有挡油板，以减轻油面波动。底部装有磁性的放油螺栓，以吸附润滑油中的铁屑，减少发动机的磨损。

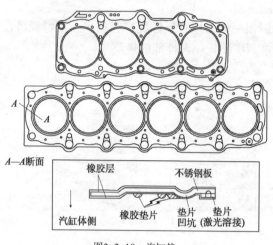

图2-2-10 汽缸垫

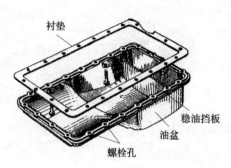

图2-2-11 油底壳

2 活塞连杆组

活塞连杆组主要由活塞、活塞环、活塞销和连杆等部件组成，如图2-2-12所示。

1 活塞

活塞的主要功用是承受汽缸中的燃烧压力，并将此力通过活塞销和连杆传给曲轴。此外，活塞还与汽缸盖、汽缸壁共同组成燃烧室。

活塞是由活塞顶部、活塞头部和活塞裙部3部分组成，如图2-2-13所示。

（1）活塞顶部是燃烧室的组成部分，其形状与选用的燃烧室的形式有关。汽油机活塞顶有平顶、凹顶和凸顶等形式，如图2-2-14所示。

（2）活塞头部是指活塞顶至最下面一道活塞环槽之间的部分，其作用是承受气体压力、防止漏气、将热量通过活塞环传给汽缸壁。活塞头部切有若干环槽，用以安装活塞环。上面的2~3道槽用来安装气环，下面的一道用来安装油环。油

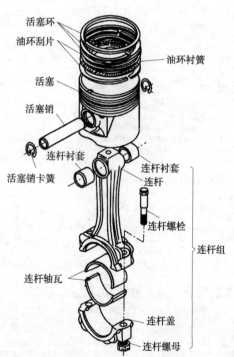

图2-2-12 活塞连杆组

环槽的底部钻有若干小孔，以使油环从汽缸壁上刮下的多余润滑油经此流回油底壳。

（3）活塞环槽以下的所有部分称为活塞裙部，其作用是引导活塞在汽缸中作往复运动，并承受侧压力。考虑轻量化和防止热膨胀，有些活塞裙部开了细长的一字形、T形或U形槽。热膨胀的时候这些槽会变窄。

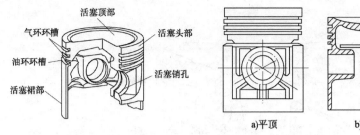
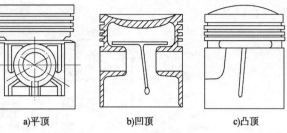

图2-2-13 活塞的基本结构　　　　图2-2-14 活塞顶的形状

2 活塞环

活塞环包括气环和油环两种，如图 2-2-15 所示。

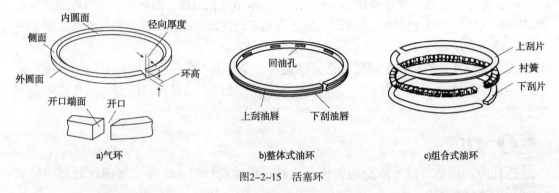

图2-2-15 活塞环

（1）气环又称为压缩环，其作用是保证活塞与汽缸壁间的密封，防止汽缸中的高温、高压燃气大量漏入曲轴箱，同时它还将活塞头的热量传导给汽缸壁。一般发动机上每个活塞装有 2～3 道气环。

（2）油环的作用是刮除汽缸壁上多余的机油，并在汽缸壁布油。通常发动机的每个活塞装有 1 道油环，也有个别发动机活塞在裙部上还装有 1 道油环。

3 活塞销

活塞销的功用是连接活塞和连杆小头，将活塞所承受的气体压力传给连杆。活塞销常见的结构形式如图 2-2-16 所示。

图2-2-16 活塞销的结构形式

活塞销与活塞销座孔和连杆小头衬套孔的连接配合方式有两种，即全浮式和半浮式

（图 2-2-17）。

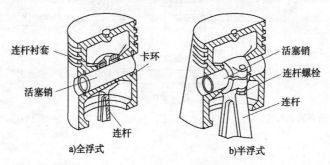

图2-2-17 活塞销的连接方式

（1）全浮式活塞销能在连杆小头衬套孔和活塞销座孔内作自由转动，可以保证活塞销沿圆周磨损均匀，因此应用较普遍。为防止活塞销轴向窜动而损坏汽缸壁，在活塞销座两端装有弹性卡环来限位。

（2）半浮式活塞销是用螺栓将活塞销夹紧在连杆小头孔内，这时活塞销只在活塞销孔内转动，在连杆小头孔内不转动。因而连杆小头孔内不装衬套，活塞销座孔孔内也不装挡圈。

4 连杆

连杆的功用是将活塞承受的力传给曲轴，推动曲轴转动，将活塞的往复运动转变为曲轴的旋转运动。

连杆的结构如图 2-2-18 所示，由连杆小头、杆身和连杆大头 3 部分组成。连杆小头用来安装活塞销以连接活塞，在全浮式连接的连杆小头孔内压有减磨的青铜衬套或铁基粉末冶金衬套。工作时，活塞销和衬套之间有相对转动，为了保证其间润滑，在连杆小头和衬套上钻有集油孔或铣出集油槽，用于收集发动机运转时被溅上来的机油，以便润滑。有的发动机连杆小头采用压力润滑，在连杆杆身内钻有纵向的压力油道。

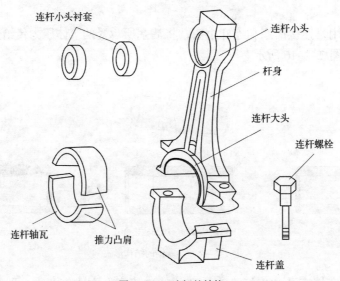

图2-2-18 连杆的结构

3 曲轴飞轮组

曲轴飞轮组主要由曲轴、飞轮、正时齿轮或正时链轮、V形带轮及曲轴扭转减振器等组成，如图2-2-19所示为发动机的曲轴飞轮组结构图。

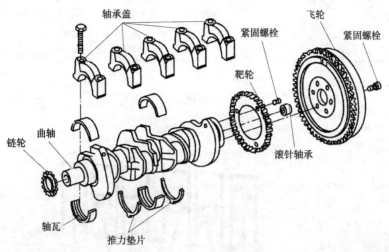

图2-2-19 发动机曲轴飞轮组

1 曲轴

曲轴的主要功用是将活塞连杆组传来的气体压力转变为转矩，然后通过飞轮输出。另外还用来驱动发动机的配气机构以及其他辅助装置（如发电机、风扇、水泵、转向油泵等）。

曲轴一般由主轴颈、连杆轴颈、曲柄、平衡块、前端轴和后端凸缘等组成，如图2-2-20所示。一个连杆轴颈和它两端的曲柄及相邻两个主轴颈构成一个曲拐。曲拐的数目取决于发动机的汽缸数目及其排列方式，直列发动机的曲拐数等于汽缸数，而V形和对置式发动机的曲拐数为汽缸数的一半。

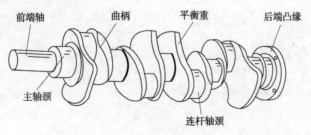

图2-2-20 曲轴的结构

曲轴前端是第一道主轴颈之前的部分，装有驱动其他装置的机件（正时齿轮、V形带轮）及其起动爪、推力垫片及扭转减振器等。曲轴后端是最后一道主轴颈之后的部分，在其后端为安装飞轮的凸缘盘。

曲轴的形状及各曲拐的相对位置取决于汽缸数、汽缸排列形式和发动机的工作顺序。在选择各缸的工作顺序时，应使各缸的做功间隔力求均衡，即发动机每完成一个工作循环，各缸都应发火做功一次。对于缸数为 i 的四冲程发动机，其发火间隔角为 $720°/i$，连续做功的两缸相距尽可能远些，以减轻主轴承负荷和避免进气行程中发生抢气现象；V形发动机左右两列应交替发火。

（1）四冲程直列四缸发动机的发火间隔角为720°/4=180°。4个曲拐在同一个平面内，如图2-2-21所示。发动机的工作顺序为1-3-4-2或1-2-4-3。

（2）四冲程直列六缸发动机的发火间隔角为720°/6=180°。6个曲拐互成120°，如图2-2-22所示。发动机的工作顺序多为1-5-3-6-2-4。

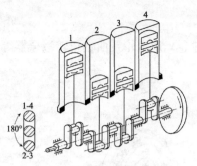

图2-2-21 直列四缸发动机的曲拐布置

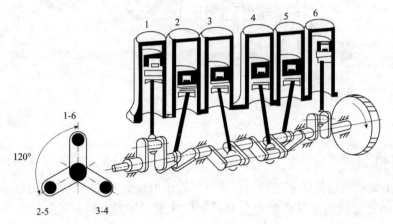

图2-2-22 直列六缸发动机的曲拐布置

（3）四冲程V形八缸发动机的发火间隔角为720°/8=90°。4个曲拐互成90°，如图2-2-23所示。发动机的工作顺序为1-8-4-3-6-5-7-2。

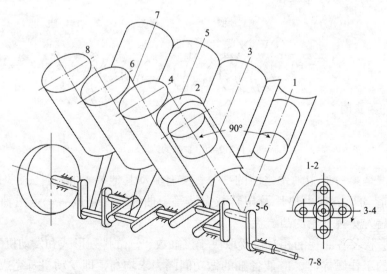

图2-2-23 四冲程V形八缸发动机的曲拐布置

❷ 扭转减振器

在曲轴的前端加装扭转减振器（图2-2-24），作用是吸收曲轴扭转振动的能量，消减扭转振动，避免发生共振。

❸ 飞轮

飞轮是一个转动惯量很大的圆盘，其主要功用是储存做功行程的一部分能量，以克服各辅助行程的阻力，使曲轴均匀旋转，从而使发动机具有克服短时超载的能力。此外，飞轮又常作为汽车传动系统中摩擦离合器的主动盘。

发动机飞轮的构造如图2-2-25所示。飞轮的外缘上镶有齿圈，起动时起动机上的齿轮与之啮合，供发动机起动用。

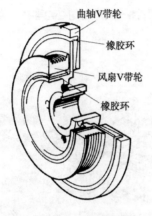 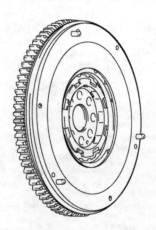

图2-2-24 扭转减振器　　　　图2-2-25 飞轮的构造

飞轮上通常刻有第一缸点火正时记号，以便调整和检验点火（喷油）正时和气门间隙。如图2-2-26a）所示，解放 CA6102 型发动机的正时记号是 $\frac{上止点}{1-6}$，当该记号与飞轮壳上的刻线对准时，即表示 1-6 缸的活塞在上止点位置；如图 2-2-26b）所示，东风 EQ6100 发动机有两处记号，一处是飞轮上的一个钢球与飞轮壳上的刻线对准时，另一处是当曲轴 V 带轮上的小缺口和正时齿轮盖上的凸筋对准时，都表示 1-6 缸活塞在上止点位置；如图 2-2-26c）所示，奥迪 A6 四缸发动机在曲轴带轮上刻有凹槽，当凹槽对准正时齿轮壳上的箭头时，则表示 1-4 缸的活塞在上止点位置。

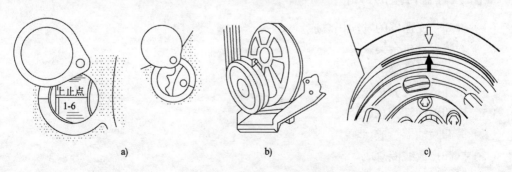

图2-2-26 发动机点火正时标记

项目二　曲柄连杆机构的拆装

本项目以卡罗拉（1.6L）乘用车的曲柄连杆机构的拆装为例进行说明。

一　汽缸盖衬垫的拆装

卡罗拉（1.6L）乘用车的曲柄连杆机构的零部件分解图如图 2-2-27 ~ 图 2-2-32 所示。

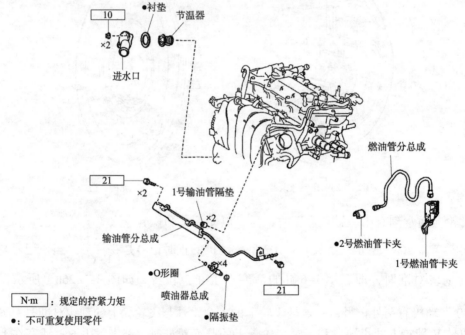

图2-2-27　曲柄连杆机构的零部件分解图（1）

1　汽缸盖衬垫的拆卸

（1）拆卸带变速器的发动机总成。
（2）安装发动机台架。
（3）拆卸进气歧管。
（4）断开燃油管分总成。
（5）拆卸输油管分总成。
（6）拆卸喷油器总成。
（7）拆卸点火线圈总成。
（8）拆卸机油尺分总成。

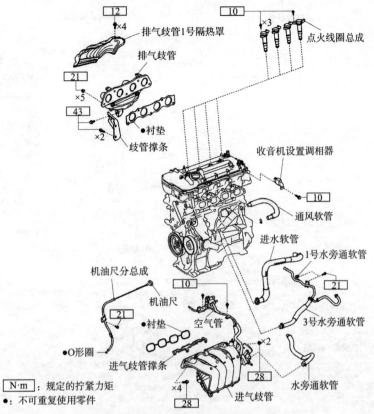

图2-2-28 曲柄连杆机构的零部件分解图（2）

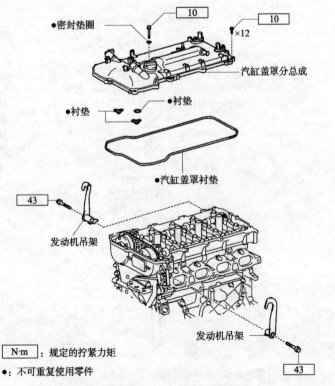

图2-2-29 曲柄连杆机构的零部件分解图（3）

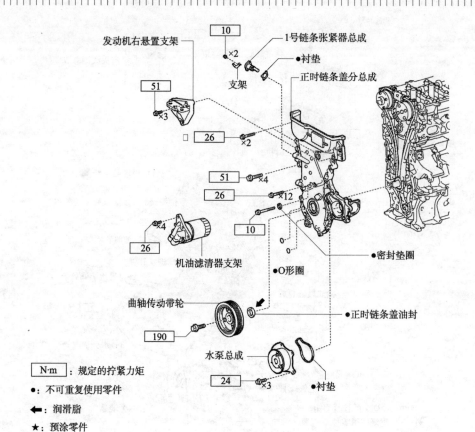

图2-2-30 曲柄连杆机构的零部件分解图（4）

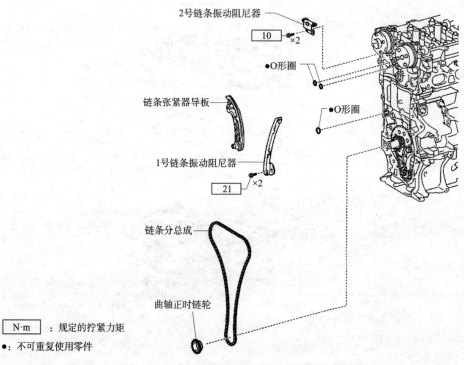

图2-2-31 曲柄连杆机构的零部件分解图（5）

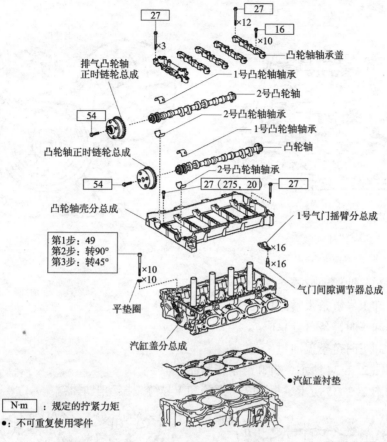

图2-2-32 曲柄连杆机构的零部件分解图（6）

（9）拆卸排气歧管1号隔热罩。
（10）拆卸歧管撑条。
（11）拆卸排气歧管。
（12）拆卸通风软管。
（13）拆卸3号水旁通软管。
（14）拆卸1号水旁通管。
（15）拆卸水旁通软管。
（16）拆卸进水软管。
（17）拆卸进水口。
（18）拆卸节温器。
（19）拆卸收音机设置调相器。
（20）拆卸汽缸盖罩分总成。
（21）拆卸汽缸盖罩衬垫。
（22）将1号汽缸设置到活塞压缩上止点（TDC）位置。
①转动曲轴传动带轮，直到其凹槽与正时链条盖上的正时标记"0"对准。
②如图2-2-33所示，检查并确认凸轮轴正时链轮和链轮上的各正时标记和位于1号和2号轴承盖上的各正时标记对准。如果没有对准，则转动曲轴1圈（360°）。如上

所述对准正时标记,进行下一步骤。

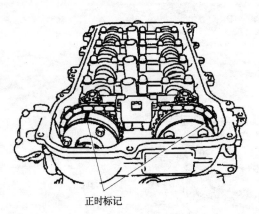 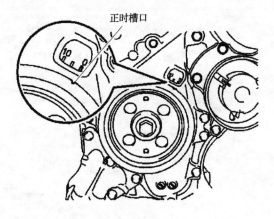

图2-2-33 汽缸盖衬垫的拆卸(1)

(23)拆卸曲轴传动带轮。
(24)拆卸1号链条张紧器总成。
(25)拆卸正时链条盖分总成。
(26)拆卸正时链条盖油封。
(27)如图2-2-34所示,拆卸链条张紧器导板。
(28)如图2-2-35所示,拆下2个螺栓和1号链条振动阻尼器。

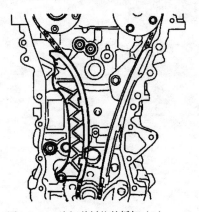 

图2-2-34 汽缸盖衬垫的拆卸(2)　　图2-2-35 汽缸盖衬垫的拆卸(3)

(29)拆卸链条分总成。

①如图2-2-36所示,用扳手固定住凸轮轴的六角头部分,并逆时针旋转凸轮轴正时链轮总成,以松开凸轮轴正时链轮之间的链条。

②链条松开时,将链条从凸轮轴正时链轮总成上松开,并将其放置在凸轮轴正时齿轮总成上。注意:要确保将链条从链轮上完全松开。

③顺时针转动凸轮轴,使其回到原来位置,并拆下链条。

(30)拆卸2号链条振动阻尼器。
(31)检查凸轮轴正时链轮总成。
(32)检查排气凸轮轴正时链轮总成。

（33）拆卸凸轮轴正时链轮总成。

（34）拆卸排气凸轮轴正时链轮总成。

（35）拆卸凸轮轴轴承盖。

（36）拆卸凸轮轴。

（37）拆卸2号凸轮轴。

（38）拆卸1号凸轮轴轴承。

（39）拆卸1号气门摇臂分总成。

（40）拆卸气门间隙调节器总成。

（41）拆卸2号凸轮轴轴承。

（42）拆卸凸轮轴壳分总成。

（43）拆卸汽缸盖分总成。

①按图2-2-37所示顺序，用10mm的双六角扳手，分几步均匀地松开并拆下10个汽缸盖螺栓和10个平垫圈。注意：螺栓拆卸顺序不正确会导致汽缸盖翘曲或破裂。

②使用头部缠有胶带的螺丝刀，撬动汽缸盖和汽缸体之间的部位，拆下汽缸盖。注意：此时不要损坏汽缸盖和汽缸体的接触面。

（44）如图2-2-38所示，拆下汽缸盖衬垫。

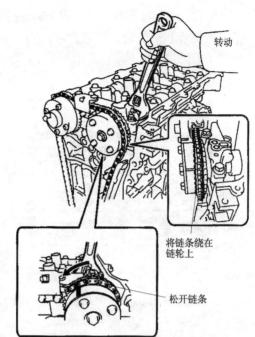

图2-2-36 汽缸盖衬垫的拆卸（4）

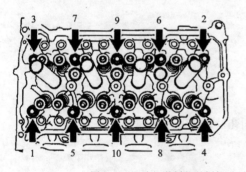

图2-2-37 汽缸盖衬垫的拆卸（5）

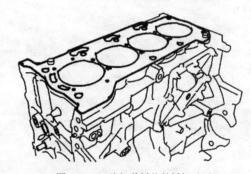

图2-2-38 汽缸盖衬垫的拆卸（6）

2 汽缸盖衬垫的安装

（1）安装汽缸盖衬垫。如图2-2-39所示，将新衬垫放在汽缸体表面上，并使印有批次号的一面朝上。注意：要清除接触面的所有机油，以确保衬垫按正确的方向安装。

（2）安装汽缸盖分总成。

①在螺栓的螺纹和与垫圈相接触的螺栓头下的部位，涂抹一薄层发动机机油。

②将螺栓和平垫圈安装至汽缸盖。注意：

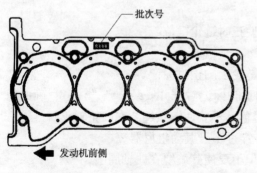

图2-2-39 汽缸盖衬垫的安装（1）

不要将垫圈掉到汽缸盖里。

③按图2-2-40所示顺序，用10mm的双六角扳手，分几步均匀地安装并紧固10个汽缸盖固定螺栓和平垫圈，拧紧力矩：49N·m。

④如图2-2-41所示，用油漆在汽缸盖螺栓前端做标记。将汽缸盖螺栓再次紧固90°，然后再紧固45°。

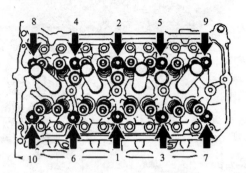
图2-2-40 汽缸盖衬垫的安装（2）

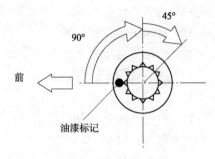
图2-2-41 汽缸盖衬垫的安装（3）

⑤检查并确认油漆标记现在与前端成135°。

（3）安装气门间隙调节器总成。

（4）安装1号气门摇臂分总成。

（5）安装1号凸轮轴轴承。

（6）安装2号凸轮轴轴承。

（7）安装2号凸轮轴。

（8）安装凸轮轴。

（9）安装凸轮轴轴承盖。

（10）安装凸轮轴壳分总成。

（11）安装凸轮轴正时链轮总成。

（12）安装排气凸轮轴正时链轮总成。

（13）用2个螺栓安装1号链条振动阻尼器（图2-2-35）。

（14）安装2号链条振动阻尼器。

（15）安装链条分总成。

①检查1号汽缸的活塞压缩上止点（TDC）位置。

a.暂时紧固曲轴传动带轮螺栓。

b.如图2-2-42所示，逆时针转动曲轴，以使正时链轮键位于顶部。

c.拆下曲轴传动带轮螺栓。

d.如图2-2-43所示，检查每个凸轮轴正时链轮上的正时标记。

②如图2-2-44所示，将标记板（橙色）和正时标记对准并安装链条。注意：确保使标记板位于发动机前侧。凸轮轴侧的标记板为橙色。不要使链条缠绕在凸轮轴正时链轮总成的链轮周围。只可将其放置在链条上。将链条穿过1号振动阻尼器。

③如图2-2-45所示，将链条放在曲轴上，但不要使其缠绕在曲轴周围。

④如图2-2-46所示，用扳手固定住凸轮轴的六角头部分，并逆时针旋转凸轮轴正时链轮总成，以使标记板（橙色）和正时标记对准。注意：确保使标记板位于发动机前侧。凸轮轴侧的标记板为橙色。

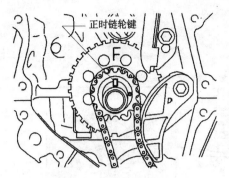

图2-2-42 汽缸盖衬垫的安装（4）

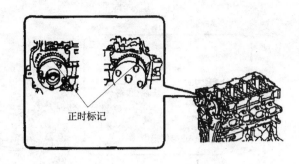

图2-2-43 汽缸盖衬垫的安装（5）

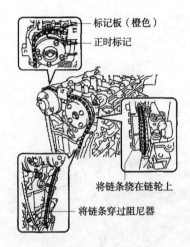

图2-2-44 汽缸盖衬垫的安装（6）

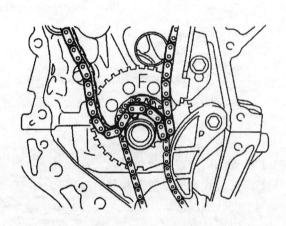

图2-2-45 汽缸盖衬垫的安装（7）

⑤用扳手固定住凸轮轴的六角头部分，并顺时针旋转轮轴正时链轮总成。注意：为了张紧链条，缓慢地顺时针旋转凸轮轴正时链轮总成，防止链条错位。

⑥如图2-2-47所示，将标记板（橙色）和正时标记对准，并将链条安装至曲轴正时链轮。注意：曲轴侧的标记板为黄色。

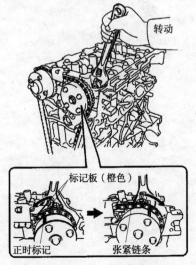

图2-2-46 汽缸盖衬垫的安装（8）

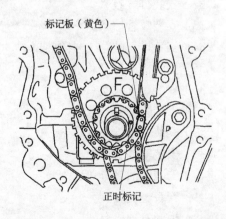

图2-2-47 汽缸盖衬垫的安装（9）

⑦在 TDC/压缩时,重新检查每个正时标记,如图 2-2-48 所示。

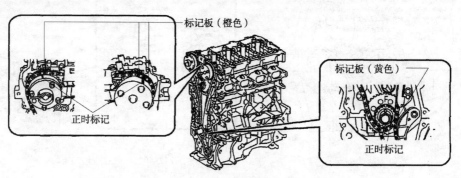

图2-2-48 汽缸盖衬垫的安装(10)

(16)安装链条张紧器导板(图 2-2-34)。
(17)安装正时链条盖油封。
(18)安装正时链条盖分总成。
(19)安装曲轴传动带轮。
(20)安装 1 号链条张紧器总成。
(21)安装汽缸盖罩衬垫。
(22)安装汽缸盖罩分总成。
(23)安装收音机设置调相器。
(24)安装节温器。
(25)安装进水口。
(26)安装进水软管。
(27)安装水旁通软管。
(28)安装 1 号水旁通管。
(29)安装 3 号水旁通软管。
(30)安装通风软管。
(31)检查排气歧管。
(32)安装排气歧管。
(33)安装歧管撑条。
(34)安装排气歧管 1 号隔热罩。
(35)安装机油尺分总成。
(36)安装点火线圈总成。
(37)安装喷油器总成。
(38)安装 1 号输油管隔垫。
(39)安装输油管分总成。
(40)安装燃油管分总成。
(41)安装进气歧管。
(42)拆卸发动机台架。
(43)安装带变速器的发动机总成。

二、活塞连杆组和曲轴飞轮组部件的拆装

活塞连杆组和曲轴飞轮组部件分解图如图 2-2-49 和图 2-2-50 所示。

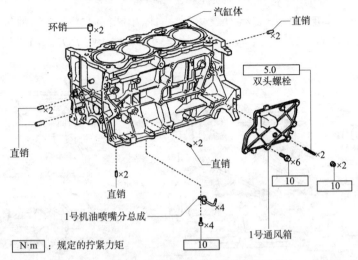

图2-2-49 活塞连杆组和曲轴飞轮组部件分解图（1）

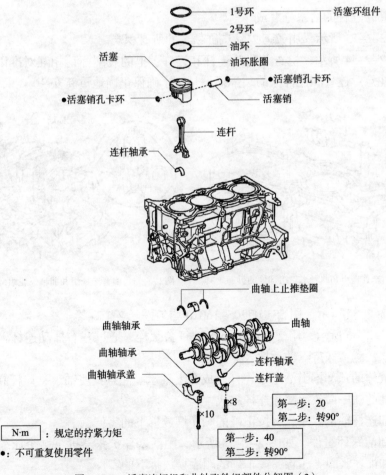

图2-2-50 活塞连杆组和曲轴飞轮组部件分解图（2）

1 活塞连杆组和曲轴飞轮组部件的拆卸

（1）拆卸1号通风箱。

①如图2-2-51所示，拆下6个螺栓和2个螺母。

②如图2-2-52所示，用螺丝刀撬动1号通风箱和汽缸体之间的部位，拆下1号通风箱。注意：不要损坏汽缸体和1号通风箱的接触面。使用螺丝刀之前，请在螺丝刀头部缠上胶带。

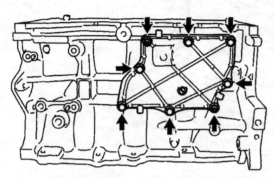 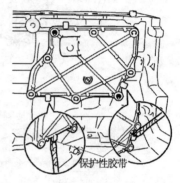

图2-2-51 活塞连杆组和曲轴飞轮组部件的拆卸（1）　　图2-2-52 活塞连杆组和曲轴飞轮组部件的拆卸（2）

（2）拆卸带连杆的活塞分总成。

①如图2-2-53所示，用铰刀去除汽缸顶部的所有积炭。

②如图2-2-54所示，检查并确认连杆和连杆盖上的装配标记相互对准以确保正确的重新装配。注意：连杆和连杆盖的装配标记是为了确保正确地重新安装。

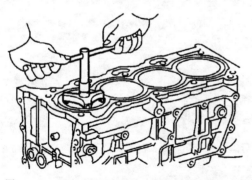 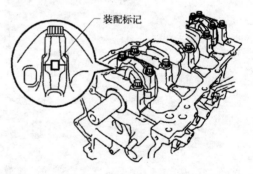

图2-2-53 活塞连杆组和曲轴飞轮组部件的拆卸（3）　　图2-2-54 活塞连杆组和曲轴飞轮组部件的拆卸（4）

③如图2-2-55所示，用SST 09205-16010均匀松开2个螺栓。

④如图2-2-56所示，用2个已拆下的连杆盖螺栓，通过左右摇动连杆盖，拆下连杆盖和下轴承。注意：保持下轴承插入连杆盖。

⑤从汽缸体的顶部推出活塞、连杆总成和上轴承。注意：使轴承、连杆和连杆盖连在一起。按正确的顺序摆放活塞和连杆总成。

（3）拆卸连杆轴承。注意：按正确的顺序摆放拆下的零件。

（4）拆卸活塞环组件。如图2-2-57所示，用活塞环扩张器拆下2个压缩环，用手拆下油环刮片和油环胀圈。注意：按正确的顺序摆放拆下的零件。

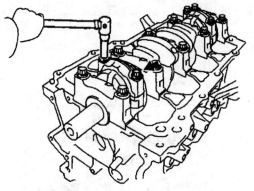
图2-2-55 活塞连杆组和曲轴飞轮组部件的拆卸（5）

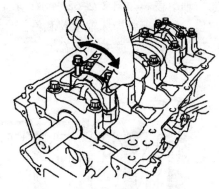
图2-2-56 活塞连杆组和曲轴飞轮组部件的拆卸（6）

（5）拆卸活塞。

①如图2-2-58所示，使用螺丝刀撬出2个卡环。

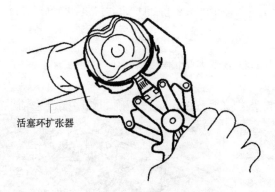
图2-2-57 活塞连杆组和曲轴飞轮组部件的拆卸（7）

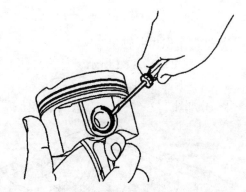
图2-2-58 活塞连杆组和曲轴飞轮组部件的拆卸（8）

②如图2-2-59所示，逐渐加热各活塞到约80～90℃。

③如图2-2-60所示，用塑料锤和铜棒，轻轻敲出活塞销并拆下连杆。注意：活塞和活塞销是一组配套件。按正确的顺序摆放活塞、活塞销、活塞环、连杆和轴承。

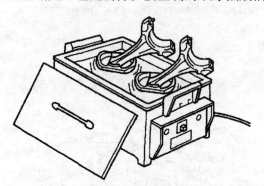
图2-2-59 活塞连杆组和曲轴飞轮组部件的拆卸（9）

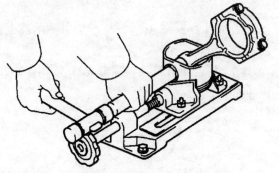
图2-2-60 活塞连杆组和曲轴飞轮组部件的拆卸（10）

（6）拆卸曲轴。

①按图2-2-61所示顺序，均匀地拧松并拆下10个主轴承盖螺栓。

②用2个已拆下的主轴承盖螺栓拆下5个主轴承盖和5个下轴承。注意：依次将螺栓

插入轴承盖。如图 2-2-62 所示，轻轻地向上拉并向汽缸体的前、后侧施加力，将轴承盖拉出。小心不要损坏轴承盖和汽缸体的接触面。将下轴承和主轴承盖作为一个组件保存。按正确的顺序摆放主轴承盖。

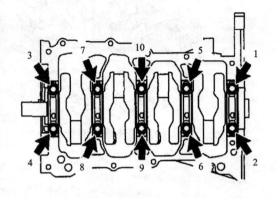 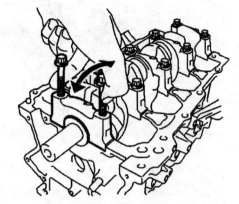

图2-2-61 活塞连杆组和曲轴飞轮组部件的拆卸（11）　　图2-2-62 活塞连杆组和曲轴飞轮组部件的拆卸（12）

③向上取出曲轴。

（7）如图 2-2-63 所示，从汽缸体上拆下曲轴上推力垫圈。

（8）拆卸曲轴轴承。

①如图 2-2-64 所示，从汽缸体上拆下 5 个主轴承。注意：按正确的顺序摆放主轴承。

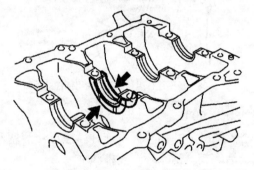 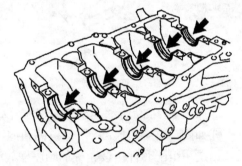

图2-2-63 活塞连杆组和曲轴飞轮组部件的拆卸（13）　　图2-2-64 活塞连杆组和曲轴飞轮组部件的拆卸（14）

②如图 2-2-65 所示，从 5 个主轴承盖上拆下 5 个下主轴承。注意：按正确的顺序摆放下主轴承。

（9）拆卸 1 号机油喷嘴分总成。如图 2-2-66 所示，用 5mm 六角套筒扳手拆下螺栓和机油喷嘴。

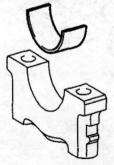 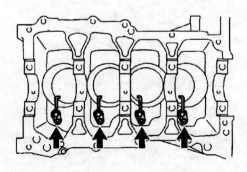

图2-2-65 活塞连杆组和曲轴飞轮组部件的拆卸（15）　　图2-2-66 活塞连杆组和曲轴飞轮组部件的拆卸（16）

❷ 活塞连杆组和曲轴飞轮组部件的安装

（1）安装1号机油喷嘴分总成（图2-2-66）。用5mm六角套筒扳手和螺栓安装机油喷嘴。

（2）安装活塞。

①如图2-2-67所示，用螺丝刀将新卡环安装到活塞销孔的一端。注意：确保卡环的端隙与活塞上的活塞销孔切口部位错开。

②逐渐加热活塞到约80~90℃。

③如图2-2-68所示，对准活塞和连杆上的朝前标记，并用拇指推入活塞。注意：活塞和活塞销是一组配套件。

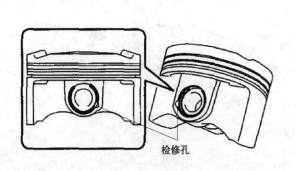 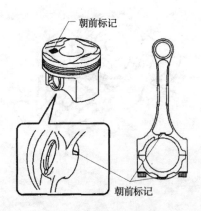

图2-2-67 活塞连杆组和曲轴飞轮组部件的安装（1）　　图2-2-68 活塞连杆组和曲轴飞轮组部件的安装（2）

④使用螺丝刀在活塞销孔的另一端安装一个新卡环。注意：确保卡环的端隙与活塞上的活塞销孔切口部位错开。

⑤如图2-2-69所示，在活塞销上来回移动活塞，检查活塞和活塞销间的安装情况。

（3）安装活塞环组件。

①如图2-2-70所示，用手安装油环胀圈和油环刮片。注意：安装胀圈和油环，使其环端处于相反的两侧。将胀圈牢固安装至油环的内槽。

 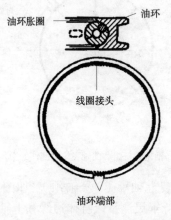

图2-2-69 活塞连杆组和曲轴飞轮组部件的安装（3）　　图2-2-70 活塞连杆组和曲轴飞轮组部件的安装（4）

②用活塞环扩张器安装2个压缩环，使油漆标记处于图2-2-71所示位置。注意：安

装 1 号压缩环，使代码标记（A1）朝上。安装 2 号压缩环，使代码标记（A2）朝上。油漆标记仅在新活塞环上检查到。重新使用活塞环时，检查各活塞环外形，以将其安装至正确位置。

③放置活塞环以使活塞环端处于如图 2-2-72 所示位置。

（4）安装曲轴轴承。

①安装上轴承（除 3 号轴颈外）。如图 2-2-73 所示，将带机油槽的上轴承安装到汽缸体上。用刻度尺测量汽缸体边缘和上轴承边缘间的距离。注意：不要在轴承和接触表面上涂抹发动机机油。尺寸 A 的大小为 0.5～1.0mm。

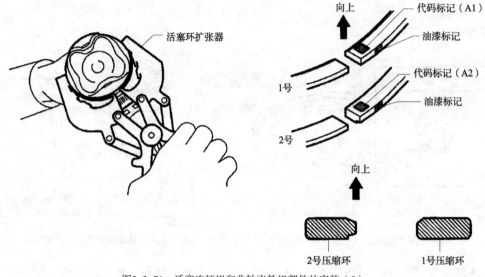

图2-2-71　活塞连杆组和曲轴飞轮组部件的安装（5）

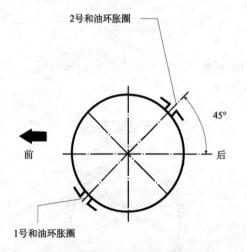

图2-2-72　活塞连杆组和曲轴飞轮组部件的安装（6）

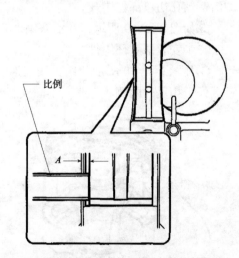

图2-2-73　活塞连杆组和曲轴飞轮组部件的安装（7）

②安装上轴承（3 号轴颈）。如图 2-2-74 所示，将带机油槽的上轴承安装到汽缸体上。用游标卡尺测量汽缸体边缘和上轴承边缘间的距离。注意：不要在轴承和接触表面上涂抹发动机机油。尺寸 $A-B$ 的大小为 0.7mm 或更小。

③安装下轴承。如图 2-2-75 所示，将下轴承安装到轴承盖上。用游标卡尺测量轴承

盖边缘和下轴承边缘间的距离。尺寸 $A-B$ 的大小为 0.7mm 或更小。注意：不要在轴承和接触表面上涂抹发动机机油。

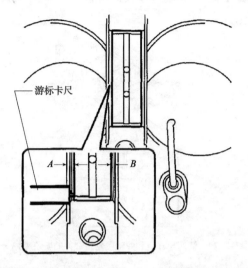

图2-2-74 活塞连杆组和曲轴飞轮组部件的安装（8）

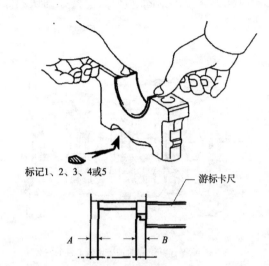

图2-2-75 活塞连杆组和曲轴飞轮组部件的安装（9）

（5）安装曲轴上推力垫圈。如图 2-2-76 所示，使机油槽向外，将 2 个推力垫圈安装到汽缸体的 3 号轴颈下方。在曲轴推力垫圈上涂抹发动机机油。

（6）安装曲轴。

①在上轴承上涂抹发动机机油，并将曲轴安装到汽缸体上。

②在下轴承上涂抹发动机机油。

③如图 2-2-77 所示，检查数字标记，并将轴承盖安装到汽缸体上。

④在轴承盖螺栓的螺纹上和轴承盖螺栓下涂抹一薄层发动机机油。

⑤如图 2-2-78 所示，暂时安装 10 个主轴承盖螺栓。

⑥如图 2-2-79 所示，标记 2 个内轴承盖螺栓并以此为导向，用手插入主轴承盖，直到主轴承盖和汽缸体间的间隙小于 5mm。

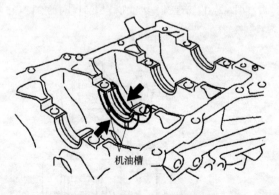

图2-2-76 活塞连杆组和曲轴飞轮组部件的安装（10）

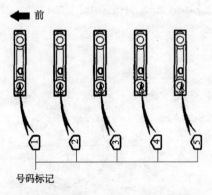

图2-2-77 活塞连杆组和曲轴飞轮组部件的安装（11）

⑦如图 2-2-80 所示，用塑料锤轻轻敲击轴承盖以确保正确安装。

⑧安装曲轴轴承盖螺栓。注意：主轴承盖螺栓的紧固分两步完成。

a. 按图 2-2-81 所示顺序，安装并均匀紧固 10 个主轴承盖螺栓，拧紧力矩：40N·m。

b. 如图 2-2-82 所示，用油漆在轴承盖螺栓前端做标记。按图 2-2-81 所示数字顺序，将轴承盖螺栓再紧固 90°。检查并确认油漆标记现在与前端成 90°。检查并确认曲轴转动顺畅。

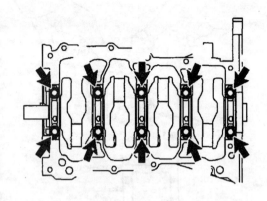

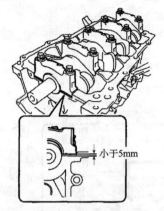

图2-2-78 活塞连杆组和曲轴飞轮组部件的安装（12）　　图2-2-79 活塞连杆组和曲轴飞轮组部件的安装（13）

（7）安装连杆轴承。如图 2-2-83 所示，将连杆轴承安装到连杆和轴承盖上。用游标卡尺测量连杆边缘和轴承盖边缘与连杆轴承边缘间的距离。尺寸 A–B 的大小为 0.7mm 或更小。注意：不要在轴承和接触表面上涂抹发动机机油。

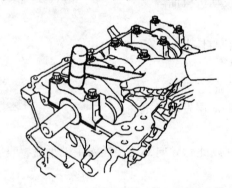

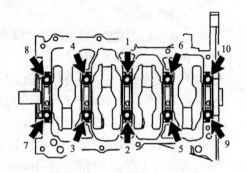

图2-2-80 活塞连杆组和曲轴飞轮组部件的安装（14）　　图2-2-81 活塞连杆组和曲轴飞轮组部件的安装（15）

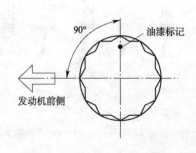

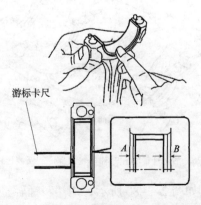

图2-2-82 活塞连杆组和曲轴飞轮组部件的安装（16）　　图2-2-83 活塞连杆组和曲轴飞轮组部件的安装（17）

（8）安装带连杆的活塞分总成。

①在汽缸壁、活塞、连杆轴承表面上涂抹发动机机油。

②放置活塞环以使活塞环端处于图 2-2-72 所示位置。注意：各活塞环端必须错开。

③如图 2-2-84 所示，使活塞朝前标记朝前，用活塞环压缩器将相应号的活塞和连杆总成压入汽缸内。注意：将连杆插入活塞时，不要使其接触机油喷嘴。使连杆盖与连杆的号相匹配。

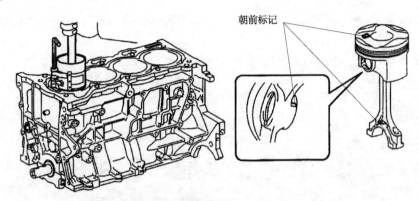

图2-2-84　活塞连杆组和曲轴飞轮组部件的安装（18）

④如图 2-2-85 所示，检查并确认连杆盖的凸起部分朝向正确的方向。

⑤在连杆盖螺栓的螺纹上和螺栓头下部涂抹一薄层发动机机油。

⑥安装连杆盖螺栓。注意：连杆盖螺栓的紧固分两步完成。

a. 如图 2-2-86 所示，用 SST 09205-16010 安装并分几次交替拧紧连杆盖螺栓，拧紧力矩：20N·m。

b. 用油漆在连杆盖螺栓前端作标记。如图 2-2-87 所示，将连杆盖螺栓再紧固 90°。检查并确认曲轴转动顺畅。

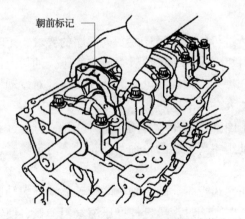

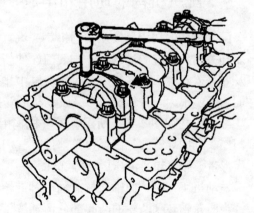

图2-2-85　活塞连杆组和曲轴飞轮组部件的安装（19）　　图2-2-86　活塞连杆组和曲轴飞轮组部件的安装（20）

（9）安装 1 号通风箱。

①如图 2-2-88 所示，连续涂抹密封胶。密封胶可使用丰田原厂黑密封胶、Three Bond 1207B 或同等产品。密封直径：2.0mm。注意：清除接触面的所有机油。涂抹密封胶后 3min 内安装 1 号通风箱，15min 内紧固螺栓和螺母。安装后至少 2h 内不要起动发动机。

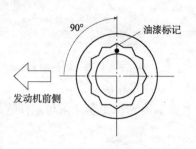
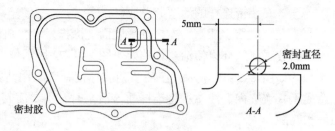

图2-2-87　活塞连杆组和曲轴飞轮组部件的安装（21）　　　图2-2-88　活塞连杆组和曲轴飞轮组部件的安装（22）

②用6个螺栓和2个螺母安装1号通风箱（图2-2-51）。

单元3　配气机构

项目一　配气机构的结构和工作原理

一 配气机构的功用和组成

配气机构的功用是按照发动机每一汽缸内所进行的工作循环或发火次序的要求，定时开启和关闭各汽缸的进气门、排气门，使新鲜可燃混合气（汽油机）或空气（柴油机）得以及时进入汽缸，废气得以及时从汽缸中排出。进入汽缸内的可燃混合气或空气对发动机性能的影响很大。进气量越多，发动机的转矩越大、功率越高。

配气机构如图2-3-1所示。配气机构由气门组和气门传动组组成。气门组包括气门、气门座、气门导管和气门弹簧等部件。气门传动组主要包括凸轮轴、凸轮轴正时带轮、正时齿形带、张紧轮、液压挺柱等部件。

发动机工作时，曲轴通过曲轴正时带轮、正时齿形带、凸轮轴正时带轮驱动凸轮轴旋转，当凸轮轴转到凸轮的凸起部分顶到液压挺柱时，通过液压挺柱，压缩气门弹簧，使气门离座，即气门开启。当凸轮凸起部分离开液压挺柱时，气门便在气门弹簧力的作用下上升而落座，气门关闭。

由于四冲程发动机每完成一个工作循环，曲轴旋转2周，而各缸进气门、排气门各开启1次，完成一次进气和排气，此时凸轮轴只旋转1周，因此，曲轴与凸轮轴的转速比为2∶1，即凸轮轴正时带轮的齿数是曲轴正时带轮齿数的2倍。

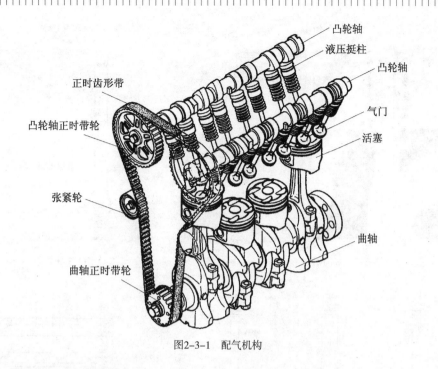

图2-3-1 配气机构

二 配气机构主要部件的构造

1 气门组

气门及其相关零件称为气门组,气门组的作用是实现汽缸的密封。配置一根气门弹簧的标准型气门组如图 2-3-2 所示。

1 气门

① 气门结构

气门的功用是与气门座相配合,对汽缸进行密封。气门由头部和杆部两部分组成(图2-3-3),头部用来封闭汽缸的进气道、排气道,杆部用来为气门的运动起导向作用。

(1)气门头部。气门头部的形状有平顶、喇叭形顶和球面顶,如图 2-3-4 所示。使用最多的是平顶气门头部,进气门、排气门均可采用。喇叭形顶头部多用于进气门,球面顶气门头部适用于排气门。

气门头部与气门座圈接触的工作面,是与杆部同心的锥面,通常将这一锥面与气门顶部平面的夹角称为气门锥角,如图 2-3-5 所示,一般制作成30°或45°。

考虑到进气阻力比排气阻力对发动机性能的影响大得多,为尽量减小进气阻力,一般进气门的尺寸略大于排气门,这是因为进气是利用活塞下移产生的真空来实现的,进气门大些,可提高进气效率;而排气是通过活塞上升将废气排出的,排气门即使是小一些也不会造成太大的影响。

(2)气门杆。气门杆是圆柱形,在气门导管中不断上、下往复运动。气门杆尾部结构取决于气门弹簧座的固定方式,常见的结构形式如图 2-3-6 所示。

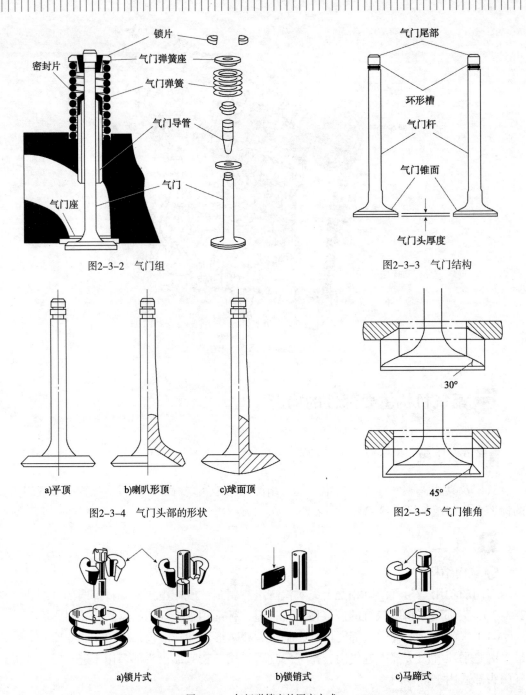

图2-3-2 气门组

图2-3-3 气门结构

图2-3-4 气门头部的形状

图2-3-5 气门锥角

图2-3-6 气门弹簧座的固定方式

❷ 气门数

在短时间内能够将尽量多的气体吸入和排出，在很大程度上影响着发动机的整体性能。从气门在有限制的燃烧室表面积中所占的面积来看，与具有两个气门的汽缸相比，进排气门越多，则气门面积之和就越大，进气效率、排气效率越高，而且可以使单个气门的体积减小，质量减轻。但气门数越多，结构越复杂，成本越高。

（1）2气门式（图2-3-7）。每个汽缸采用一个进气门和一个排气门，一般进气门比排气门大些。桑塔纳2000GSi型乘用车AJR发动机即采用此种形式。

（2）3气门式（图2-3-8）。每个汽缸有2个进气门和1个排气门，排气门大对排出高温气体有利，能提高发动机排气性能。

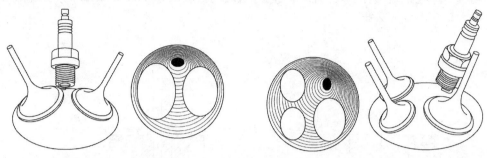

图2-3-7 2气门式的结构形式　　　　　图2-3-8 3气门式的结构形式

（3）4气门式（图2-3-9）。每个汽缸有2个进气门和2个排气门，两套凸轮轴装置分别控制一组进、排气门的开闭。卡罗拉（16.L）乘用车发动机即采用4气门结构形式。

（4）5气门式。每个汽缸有3个进气门和2个排气门，并以梅花开分布，如图2-3-10所示。捷达王乘用车EA113型发动机即采用5气门结构形式。

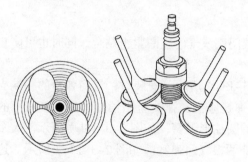
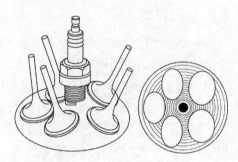

图2-3-9 4气门式的结构形式　　　　　图2-3-10 5气门式的结构形式

❷ 气门座

汽缸盖上的进气道、排气道与气门锥面相接合的部位称为气门座（图2-3-11），气门座的锥角和气门锥角相同，一般也是30°或45°。气门座不仅有密封作用，还起到了冷却气门的作用。

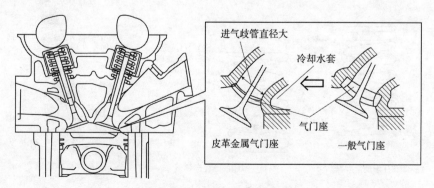

图2-3-11 气门座

❸ 气门导管

气门导管（图 2-3-12）的功用是为气门的运动导向，保证气门作直线往复运动，使气门与气门座能正确贴合。气门杆与气门导管之间一般留有 0.05～0.12mm 的间隙，使气门杆能在导管中自由运动。

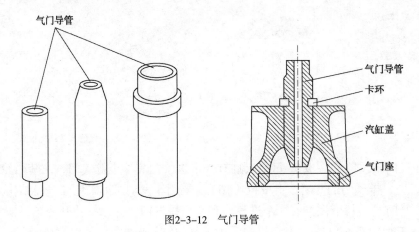

图2-3-12 气门导管

❹ 气门弹簧

气门弹簧的功用保证气门及时落座并与气门座或气门座圈紧密贴合，同时也可防止气门在发动机振动时因跳动而破坏密封。

气门弹簧多为圆柱形螺旋弹簧，如图 2-3-13a）所示。安装时，气门弹簧的一端支承在汽缸盖上，另一端则压靠在气门杆尾端的弹簧座上，弹簧座用锁片固定在气门杆的末端。为了防止弹簧发生共振，可采用变螺距的圆柱形弹簧，如图 2-3-13b）所示。大多数高速发动机是一个气门装有同心安装的内、外两根气门弹簧，如图 2-3-13c）所示。这样不但可以防止共振，而且当一根弹簧折断时，另一根仍可维持工作。此外，还能减小气门弹簧的高度。当装用两根气门弹簧时，气门弹簧的螺旋方向和螺距应各不相同，这样可以防止折断的弹簧圈卡入另一个弹簧圈内。

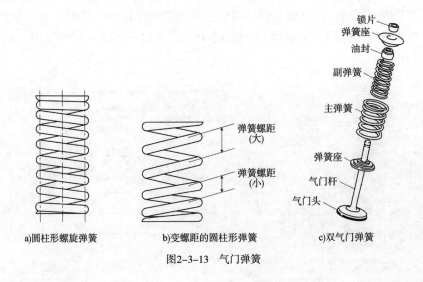

图2-3-13 气门弹簧

2 气门传动组

气门传动组的作用是使气门按发动机配气相位规定的时刻及时开、闭,并保证规定的开启时间和开启高度。由于配气机构的布置形式多样,气门传动组的差别也很大。

1 凸轮轴

1 凸轮轴结构

凸轮轴主要由各缸进气凸轮、排气凸轮、凸轮轴轴颈等组成,如图2-3-14所示。进气凸轮、排气凸轮用于使气门按一定的工作次序和配气相位及时开闭,并保证气门有足够的升程。

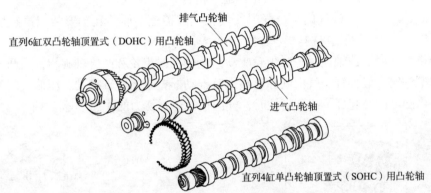

图2-3-14 凸轮轴的结构

2 凸轮轴驱动方式

凸轮轴的旋转是依靠曲轴带动的,凸轮轴的驱动方式有以下4种。

(1)链条驱动式(图2-3-15)。凸轮轴位于汽缸盖上,由曲轴带动的曲轴链轮,通过正时链条驱动凸轮轴上的链轮旋转,从而带动凸轮轴旋转。链条导槽和链条张紧装置将张力传递至链条,以调节链条的张紧度。卡罗拉(1.6L)乘用车发动机即采用链条驱动形式。

(2)正时齿形带驱动式(图2-3-16)。由于正时齿形带是由强度大、不易变形的纤维和橡胶制成,具有质量轻、无噪声、不需要润滑等优点,所以被广泛使用。桑塔纳2000GSi型乘用车AJR发动机即采用此种形式。

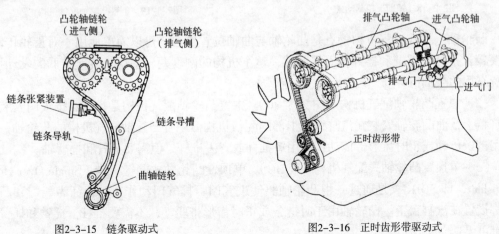

图2-3-15 链条驱动式　　　　图2-3-16 正时齿形带驱动式

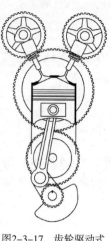

图2-3-17 齿轮驱动式

（3）齿轮驱动式（图2-3-17）。齿轮驱动式是在曲轴和凸轮轴之间用齿轮将曲轴的旋转传递到凸轮轴的驱动形式，具有传动准确性更优、高速时可靠性高等优点；但制造精度高，成本高，现在仅限于赛车使用的发动机。

（4）辅助齿轮驱动式（图2-3-18）。汽缸盖上一侧的凸轮轴由曲轴通过一根链条或一根正时齿形带来驱动，另一侧的凸轮轴由安装在凸轮轴上的齿轮来驱动，这种方式称为辅助齿轮驱动式。

❸凸轮轴安装位置与配气机构类型

根据凸轮轴安装位置的不同，可将配气机构分成以下4种类型。

（1）下置凸轮轴配气机构（图2-3-19）。下置凸轮轴配气机构是指进气门、排气门安装在汽缸盖上，而凸轮轴安装在汽缸体下部的配气机构。

发动机工作时，曲轴通过正时齿轮驱动凸轮轴正时齿轮和凸轮轴旋转。当凸轮的凸起部位顶起挺柱时，经推杆和气门间隙调整螺钉推动摇臂绕摇臂轴摆动，压缩气门弹簧使气门开启。当凸轮的凸起部位离开挺柱时，气门在气门弹簧力的作用下逐渐关闭。

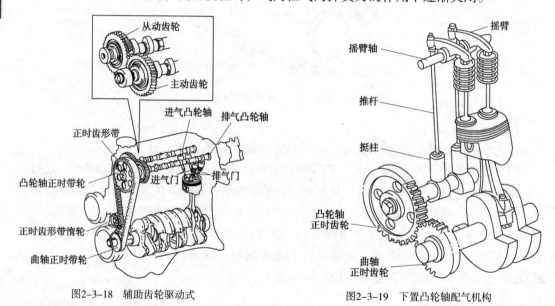

图2-3-18 辅助齿轮驱动式　　　　　　图2-3-19 下置凸轮轴配气机构

凸轮轴下置式配气机构特点是凸轮轴与曲轴位置靠近，可以简单地用一对齿轮传动，需要较长推杆、摇臂和摇臂轴等零部件，整个机构的刚度差。多用于转速较低的发动机，如货车用的柴油机等。

（2）中置凸轮轴配气机构（图2-3-20）。中置凸轮轴配气机构是指进、排气门安装在汽缸盖上，而凸轮轴安装在汽缸体中上部的配气机构。中置凸轮轴配气机构的凸轮轴一般采用链条传动或正时齿形带传动，采用短推杆或省去推杆，但需要摇臂和摇臂轴。

（3）单顶置凸轮轴式配气机构（SOHC）。单顶置凸轮轴式配气机构（Single Over Head Camshaft，即SOHC）是通过一根凸轮轴驱使进气门、排气门动作，其特征为气门和凸轮轴都设置在汽缸盖上。凸轮轴由正时链条或正时齿形带驱动，不需要推杆，摇臂和摇臂轴可有可无。

①单顶置凸轮轴、无摇臂和摇臂轴配气机构，如图2-3-21所示。凸轮轴通过液压挺柱直接驱动气门开启，无推杆和摇臂总成，气门排成一列。桑塔纳2000GSi型乘用车AJR发动机配气机构即为此种形式。

②单顶置凸轮轴、单摇臂和摇臂轴配气机构，如图2-3-22所示。凸轮轴通过摇臂直接驱动气门开启，气门排成两列。

通常在发动机冷态装配时，在气门与其传动机构中，留有适当的间隙，以补偿气门受热后的膨胀量，这一预留间隙通常称为气门间隙。为了能够检查与调整气门间隙，一般在摇臂（或挺柱）上装有调整螺钉及其锁紧螺母。

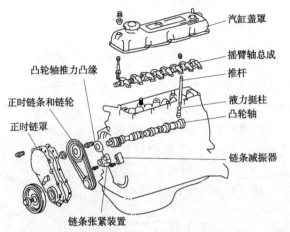

图2-3-20 中置凸轮轴配气机构

图2-3-21 单顶置凸轮轴、无摇臂和摇臂轴配气机构

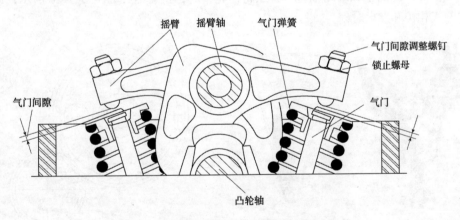

图2-3-22 单顶置凸轮轴、单摇臂和摇臂轴配气机构

③单顶置凸轮轴、双摇臂和摇臂轴配气机构，如图2-3-23所示。凸轮轴分别通过进气摇臂和排气摇臂驱动进气门和排气门开启，由于进气门、排气门排成两列，所以驱动进气门、排气门的进气摇臂和排气摇臂分别安装在各自的摇臂轴上。

④单顶置凸轮轴、有摇臂、无摇臂轴配气机构，如图2-3-24所示。凸轮轴位于摇臂上方，采用浮动式摇臂（只有摇臂而无摇臂轴），在摇臂上设有滚动轴承；摇臂与液压挺柱采用球面接触，并作为摇臂摆转的支点，气门排成一列。液压挺柱可以自动调整气门间隙（使气门间隙为0），减少了噪声，但结构复杂。

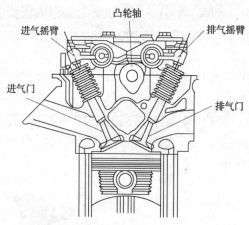
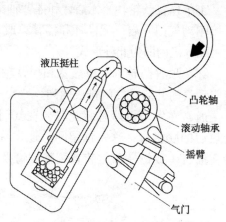

图2-3-23 单顶置凸轮轴、双摇臂和摇臂轴配气机构　　图2-3-24 单顶置凸轮轴、有摇臂、无摇臂轴配气机构

（4）双顶置凸轮轴式配气机构（DOHC），如图2-3-25所示。双顶置凸轮轴式（Double Over Head Camshaft，即DOHC）进气门、排气门分别由各自的凸轮轴控制（气门排成两列），凸轮轴直接驱动气门，也可通过摇臂间接驱动气门。具有摇臂长度短、质量轻、驱动气门的相关部件易于适应高转速等优点。另外，由于进气门、排气凸轮轴是彼此相互独立的，所以增大了气门配置的自由度，火花塞可以设置在两根凸轮轴之间，即燃烧室的正中央。卡罗拉（1.6L）乘用车发动机的配气机构即为此种形式。

❹ 凸轮轴正时定位

如采用一对正时齿轮传动，小齿轮和大齿轮分别用键安装在曲轴和凸轮轴的前端，其传动比为2∶1。在装配曲轴和凸轮轴时，必须将齿轮正时标记对准，如图2-3-26所示，以保证正确的配气相位和点火时刻。

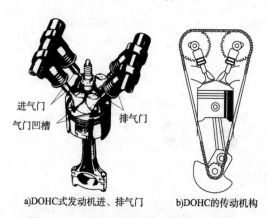
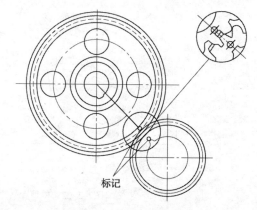

图2-3-25 双凸轮轴顶置式配气机构（DOHC）　　图2-3-26 汽油机正时齿轮机构

凸轮轴上置式发动机的正时记号通常有两处，一处为曲轴正时记号，一处为凸轮轴正时记号。安装时，两处都必须对正，如图2-3-27和图2-3-28所示。

❷ 挺柱

挺柱的作用是将凸轮的推力传递给推杆或气门杆，并承受凸轮轴旋转时所施加的侧向力。挺柱可分为普通挺柱和液压挺柱两种。

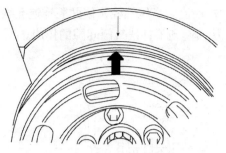

图2-3-27 曲轴正时带轮上的正时标记对齐

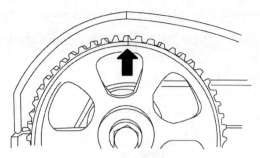

图2-3-28 凸轮轴位置正时标记

❶普通挺柱

配气机构采用的普通挺柱有筒式和滚轮式两种结构形式，如图2-3-29所示。筒式挺柱中间为空心，在挺柱圆周钻有通孔，便于筒内收集的机油流出对挺柱底面及凸轮加以润滑；滚轮式挺柱可以减少磨损，但结构较复杂，质量较大，多用于大缸径柴油机的配气机构上。

❷液压挺柱

乘用车发动机普遍采用液压挺柱，液压挺柱的长度能自动调整，故不需要预留气门间隙，也没有气门间隙调整装置。如图2-3-30所示，液压挺柱由挺柱体、油缸、柱塞、止回球阀、止回球阀弹簧和柱塞弹簧等部件组成。

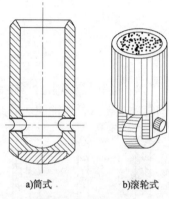

a)筒式　b)滚轮式

图2-3-29 普通挺柱

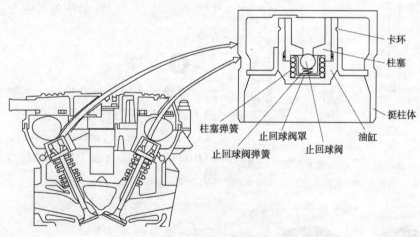

图2-3-30 液压挺柱结构

液压挺柱的工作原理如图2-3-31所示。当凸轮轴转动，凸轮的凸起部分与挺柱顶面接触时，挺柱在凸轮推动力作用下向下移动，高压腔内的机油被压缩，止回球阀在压力差和止回球阀弹簧的作用下关闭，高、低压油腔被分隔开。由于液体的不可压缩性，整个挺柱如同一个刚体一样下移推开气门并保证气门升程。

当挺柱开始上行返回时，在弹簧向上顶压和凸轮下压的作用下，高压油腔继续封闭，液压挺柱仍可认为是一个刚体，直至上行到凸轮处于基圆即气门关闭时为止。此时，汽缸盖主油道中的机油经量孔、斜油孔和挺柱体上的环形油槽再次进入挺柱的低压油腔，由于挺柱不再受凸轮推动力和气门弹簧力的作用，高压油腔中的机油与复位弹簧推动柱塞上行，高压油腔的油压下降，止回球阀打开，低压油腔中的机油流入高压油腔，使两腔连通充满机油。这时，液压挺柱的顶面仍然和凸轮表面紧贴，从而起到了补偿气门间隙的作用。

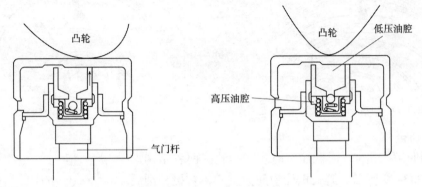

图2-3-31　液压挺柱的工作原理

当气门受热膨胀时，柱塞和油缸作轴向相对运动，高压油腔中机油可经过油缸与柱塞间缝隙被挤入低压油腔。因此使用液压挺柱时，可以不预留气门间隙。

❸ 推杆

在凸轮轴下置式或中置式的配气机构中，凸轮轴经挺柱传来的运动和作用力要通过推杆传递给摇臂。推杆可采用实心的，也可以采用空心的。推杆的结构形式如图2-3-32所示。

❹ 摇臂

摇臂的功用是将凸轮轴（或推杆）传来的力作用到气门杆尾部，推开气门。摇臂实际上是利用杠杆原理工作的，SOHC和DOHC的不同之处在于摇臂轴位置不同，如图2-3-33所示。

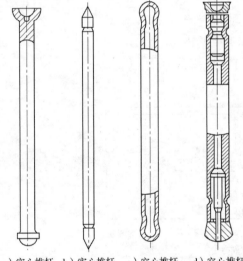

a）实心推杆　b）实心推杆　c）空心推杆　d）空心推杆
图2-3-32　推杆

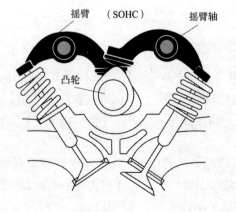
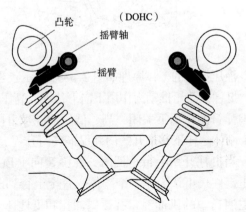

图2-3-33　摇臂

三 配气相位及可变的配气相位

1 配气相位

用曲轴转角表示的进气门、排气门实际开闭时刻和开启持续时间,称为配气相位。通常用相对于上止点、下止点曲拐位置的曲轴转角的环形图来表示,这种图形称为配气相位图,如图 2-3-34 所示。

理论上,当曲拐处在上止点时,进气门开启,下止点时关闭;排气门则当曲拐在下止点时开启,上止点时关闭。进气时间和排气时间各占 180° 曲轴转角。但实际上发动机转速很高,活塞每一行程历时相当短,短的时间势必会造成进气不足和排气不净,从而使发动机功率下降。因此,现代发动机都采取延长进气、排气时间的方法。

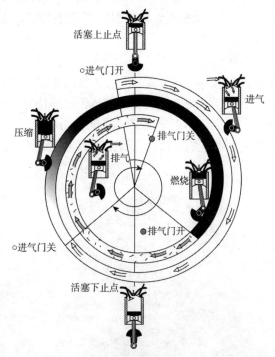

图2-3-34 配气相位图

(1)进气门早开和晚关。在排气行程接近终了,活塞到达上止点之前,进气门便开始开启,直到活塞越过了下止点以后,进气门才关闭。进气门提前开启的目的是:为了保证进气行程开始时进气门已开大,减小了进气阻力,新鲜气体能顺利地充入汽缸。进气门迟后关闭目的是:由于活塞到达下止点时,汽缸内压力仍低于大气压力,且气流还有相当大的惯性,可以利用气流惯性和压力差继续进气。

(2)排气门早开和晚关。在做功行程接近终了,活塞到达下止点之前,排气门便开始开启。直到活塞越过上止点后,排气门才关闭。排气门提前开启的目的是:当做功行程活塞接近下止点时,汽缸内的气体压力对做功的作用已经不大,但仍比大气压力高,可利用此压力使汽缸内的废气迅速地自由排出。排气门迟后关闭的目的是:由于活塞到达上止点时,汽缸内的残余废气压力高于大气压力,加之排气时气流有一定的惯性,仍可以利用气流惯性和压力差把废气排放得更干净。

(3)气门叠开。由于进气门在上止点前即开启,而排气门在上止点后才关闭,这就出现了在一段时间内,进气门、排气门同时开启的现象,这种现象称为气门叠开。由于新鲜气流和废气流的流动惯性都比较大,在短时间内是不会改变流向的,因此只要气门叠开角选择适当,就不会有废气倒流入进气管和新鲜气体随同废气排出的可能性。

2 可变配气相位

当代发动机有些具有可变的配气相位,进气门的开启和关闭时间可被调节。发动机转速高时,增大进气门的升程,提前开启和延迟关闭进气门,提高发动机的功率;发动机转速低时,减少进气门的升程,延迟开启和提前关闭进气门,提高发动机的转矩,以满足发动机对经济性、稳定性和减少排放污染物的要求。

奥迪 A6、上海帕萨特 B5 乘用车装备的 ANQ5 发动机可变气门正时机构的结构如图 2-3-35 所示。它有 3 个进气门，排列位置错开，打开的时间也不同（中间的气门先打开），使发动机吸入的新鲜空气产生旋涡，加速和优化混合气的雾化，提高发动机的功率和转矩。

曲轴通过齿形带首先驱动排气凸轮轴旋转，排气凸轮轴通过链条驱动进气凸轮轴旋转，在两轴之间设置一个可变气门正时调整器，在内部液压缸的作用下，调整器可以上升和下降，以调整发动机进气凸轮轴的位置。液压缸的油路与汽缸盖上的油路连通，工作压力由可变气门正时电磁阀控制，而可变气门正时电磁阀由 ECU 进行控制。排气凸轮轴位置是不可调的。可变气门正时调整器结构如图 2-3-36 所示。

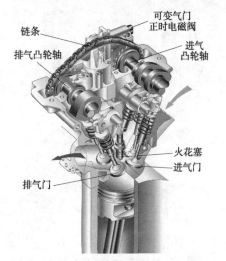

图2-3-35　ANQ5发动机配气机构

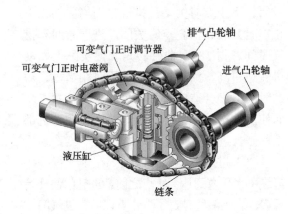

图2-3-36　ANQ5发动机可变气门正时调整器结构

可变气门正时调整器工作原理示意图如图 2-3-37 所示。图 2-3-37a）所示为功率位置（不进行调整时的位置），即高速状态。为了充分利用进气流的惯性，进气迟关角增大，链条的上部较长，而下部较短。排气凸轮轴首先要拉紧下部链条成为紧边，进气凸轮轴才能被排气凸轮轴带动。就在下部链条由松变紧的过程中，排气凸轮轴已转过了一个角度，进气凸轮才开始动作，进气门关闭得较迟，从而使发动机在高速时产生高功率。

图 2-3-37b）所示为转矩位置，即低速状态。通过可变气门正时调整器向下的运动来缩短上部链条而加长下部链条。由于排气凸轮轴受到正时传动带制约不能转动，从而使进气凸轮轴偏转一个角度，较早关闭进气门，使发动机在中速和低速范围内能产生高转矩。

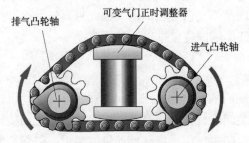

a) 发动机在高速状态时

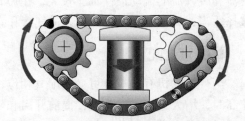

b) 发动机在低速状态时

图2-3-37　可变气门正时调整器工作原理示意图

卡罗拉乘用车发动机采用是双重智能可变气门正时机构（双 VVT-i），即智能进气/排气可变气门正时系统，不仅能够调节进气门的开闭时间，还能调节排气门的开闭时间。

本田车系的某些发动机采用"可变气门配气相位和气门升程电子控制系统"（VTEC），可同时控制气门开闭时间和凸轮的升程。

项目二　配气机构的拆装

本项目以卡罗拉（1.6L）乘用车配气机构气门组件的拆装为例进行说明。

气门组件的分解图如图 2-3-38 所示。

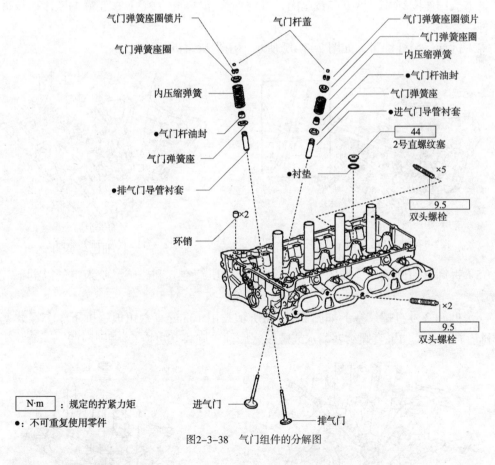

图2-3-38　气门组件的分解图

1　气门组件的拆卸

（1）拆卸气门杆盖。如图 2-3-39 所示，从汽缸盖上拆下气门杆盖。注意：按正确的顺序摆放拆下的零件。

（2）拆卸进气门。如图 2-3-40 所示，用 SST 09202-70020（09202-00010）和木块压缩并拆下气门座圈锁片。拆下弹簧座圈、气门弹簧和气门。注意：按正确的顺序摆放拆下的零件。

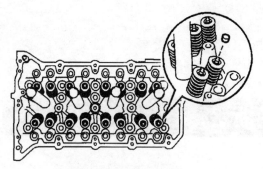

图2-3-39 气门组件的拆卸（1）　　　　图2-3-40 气门组件的拆卸（2）

（3）拆卸排气门。如图 2-3-41 所示，用 SST 09202-70020（09202-00010）和木块压缩并拆下气门座圈锁片。拆下弹簧座圈、气门弹簧和气门。注意：按正确的顺序摆放拆下的零件。

（4）拆卸气门杆油封。如图 2-3-42 所示，用尖嘴钳拆下油封。

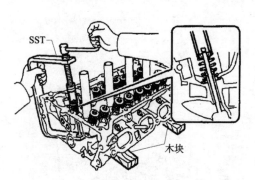
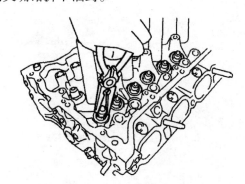

图2-3-41 气门组件的拆卸（3）　　　　图2-3-42 气门组件的拆卸（4）

（5）拆卸气门弹簧座。如图 2-3-43 所示，用压缩空气和磁棒，吹入空气以拆下气门弹簧座。

（6）拆卸 2 号直螺纹塞。如图 2-3-44 所示，用 10mm 直六角扳手拆下 3 个螺纹塞和 3 个衬垫。注意：如果直螺纹塞漏水或螺纹塞腐蚀，则将其更换。

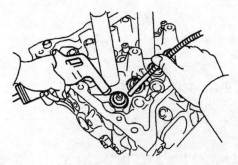
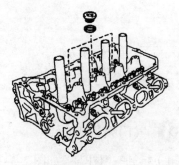

图2-3-43 气门组件的拆卸（5）　　　　图2-3-44 气门组件的拆卸（6）

❷ 气门组件的安装

（1）安装 2 号直螺纹塞（图 2-3-44）。用 10mm 直六角扳手安装 3 个新衬垫和 3 个直螺纹塞。

（2）将气门弹簧座安装到汽缸盖上。

（3）安装气门杆油封。

① 如图 2-3-45 所示，在新油封上涂抹一薄层发动机机油。注意：安装进气门和排气门油封时应特别注意。例如，将进气门油封安装至排气侧或将排气门油封安装至进气侧，会导致以后的安装故障。进气门油封为灰色，排气门油封为黑色。

② 如图 2-3-46 所示，用 SST 09201-41020 压入油封。注意：若不用 SST 会造成油封损坏或安装不到位。

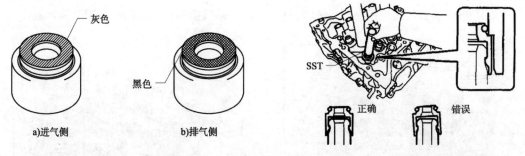

图 2-3-45　气门组件的安装（1）　　　图 2-3-46　气门组件的安装（2）

（4）安装进气门。

① 如图 2-3-47 所示，在进气门的顶部涂抹足量发动机机油。将气门、压缩弹簧和弹簧座圈安装到汽缸盖上。注意：将原来的零件按照原来的组合安装到原位。

② 如图 2-3-48 所示，用 SST 09202-70020（09202-00010）和木块压缩弹簧并安装 2 个座圈锁片。

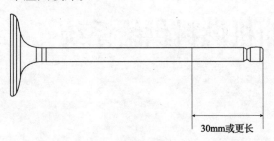 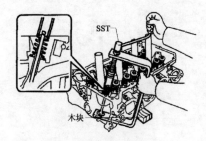

图 2-3-47　气门组件的安装（3）　　　图 2-3-48　气门组件的安装（4）

③ 如图 2-3-49 所示，用塑料锤轻敲气门杆顶部以确保安装到位。注意：不要损坏气门杆顶部，不要损坏座圈。

（5）安装排气门。

① 如图 2-3-50 所示，在排气门的顶部涂抹足量发动机机油。将气门、压缩弹簧和弹簧座圈安装到汽缸盖上。注意：将原来的零件按照原来的组合安装到原位。

② 如图 2-3-51 所示，用 SST 09202-70020（09202-00010）和木块压缩弹簧并安装 2 个座圈锁片。

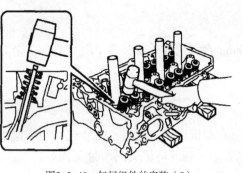

图2-3-49 气门组件的安装（5）

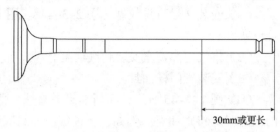

图2-3-50 气门组件的安装（6）

③如图 2-3-52 所示，用塑料锤轻敲气门杆顶部以确保安装到位。注意：不要损坏气门杆顶部，不要损坏座圈。

（6）安装气门杆盖。在气门杆盖上涂抹一薄层发动机机油；将气门杆盖安装到汽缸盖上。

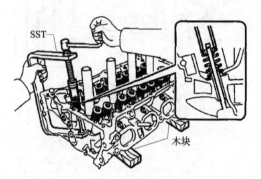

图2-3-51 气门组件的安装（7）

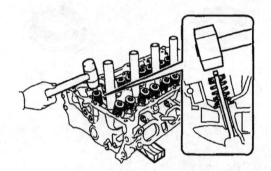

图2-3-52 气门组件的安装（8）

单元4　汽油机燃料供给系统

项目一　汽油机燃料供给系统的结构和工作原理

一　汽油机燃料供给系统的功用和组成

汽油机燃油供给系统的功用是根据发动机各工况的不同要求，配制一定数量和浓度的可燃混合气并将其供入汽缸，使之在压缩终了时点火、燃烧而膨胀做功，最后将燃烧后的废气排入大气中。

汽油机燃料供给系统一般采用电子控制燃油喷射式燃料供给系统，简称为电控燃油喷射系统。电控燃油喷射系统由空气供给系统、排气系统、燃油供给系统和电子控制系统组成。桑塔纳2000GSi乘用车AJR发动机Motronic M3.8.2电控燃油喷射系统如图2-4-1所示。

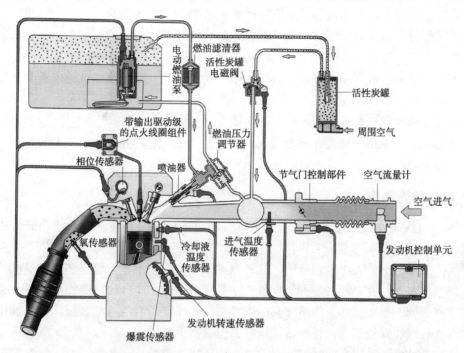

图2-4-1　桑塔纳2000GSi型乘用车AJR发动机Motronic M3.8.2电控燃油喷射系统示意图

驾驶人通过踩踏加速踏板来控制节气门开度，从而控制发动机汽缸的进气量，空气经空气滤清器、空气流量计、节气门进入进气总管，再分配到各缸进气歧管，然后进入各汽缸。空气流量计检测进入汽缸的空气量，节气门位置传感器检测节气门开度，这两个信号作为燃油喷射的主要信息输入控制单元（ECU），由ECU计算出主喷油量，再根据冷却液温度传感器、进气温度传感器、氧传感器、爆震传感器等输入的信息，ECU对主喷油量进行必要的修正，确定出实际喷油量。

燃油从燃油箱中被燃油泵吸出，先由燃油滤清器将杂质滤除后再通过输油管、燃油分配管等输送到各个喷油器。喷油器则根据ECU发出的指令，将计量后的燃油喷入各进气歧管中与流入发动机内的空气进行混合，形成可燃混合气，送入汽缸燃烧做功，最后将废气通过排气管、排气消声器等排入大气中。

二 汽油

1 汽油主要性能指标

汽油机使用的燃料是汽油，汽油是由石油中提炼而得到的密度小又易于挥发的液体燃料，汽油由多种碳氢化合物组成，基本成分是碳的体积百分数为85%，氢的体积百分数为

15%。汽油的主要性能指标有蒸发性、抗爆性和热值。

（1）蒸发性。汽油中必须含有足够比例的高蒸发性的成分，以得到良好的冷起动性能，其蒸发性的好坏将影响发动机正常工作。当温度较高时，蒸发性过高的汽油易在油路中蒸发形成"气阻"，当温度较低时，蒸发性过低的汽油会有一部分不能蒸发、燃烧，并滞留在汽缸壁上，不仅使燃油消耗量增加，而且会稀释润滑油，导致汽缸加快磨损，影响发动机寿命，所以车用发动机的汽油蒸发性要求适中。

（2）抗爆性。汽油的抗爆性是指汽油在汽缸中避免产生爆震的能力（也称抗自燃的能力）。"爆震"是一种非正常燃烧，与发动机温度、压缩比、燃油特性等有关，在压缩行程终了时产生，它将造成发动机过热、排气冒烟、功率下降、油耗增加，并伴有明显的敲缸声，甚至损坏机件。

汽油的抗爆性评价指标是辛烷值。辛烷值高，汽油抗爆性好；反之，汽油抗爆性差。

（3）热值。汽油的热值是指单位质量（1kg）的汽油完全燃烧后所产生的热量。汽油的热值约为44000kJ/kg。

❷ 汽油的选用

我国车用汽油分类主要以辛烷值为基础，测定辛烷值的方法有马达法和研究法。目前，我国市面上的汽车的常用无铅汽油分为90号、93号、97号等标号，它们是按照研究法的辛烷值（RON）的大小来划分的，这种汽油不仅含铅量更低，而且还有少量的清洁油路的添加剂。90号、93号、97号汽油除了抗爆性不同外，其他的性能如清洁性、杂质是一样的，属于同一档次的油。压缩比高的发动机选用辛烷值高的汽油，反之，可选用辛烷值低的汽油。汽油牌号越高，其抗爆性越好，但价格也越贵。

桑塔纳2000GSi乘用车要求必须使用RON 90以上汽油；卡罗拉（1.6L）乘用车要求选择93号或更高级的优质无铅汽油。随着我国对于环境保护的标准要求的不断提高，近年来一些大城市相继出现了89号、92号和95号的新汽油标号，分别替代了之前的90号、93号和97号汽油，新的标号的汽油与旧的标号的汽油相比可以有效降低机动车排放污染。

❸ 环保和安全注意事项

❶ 环境保护

（1）汽油是对水有污染的物质，不能让汽油流入下水道，作业时只能在防渗的地面上进行。

（2）汽油非常易燃，会引起火灾和爆炸，进行接触汽油的工作时，必须禁止明火和吸烟，汽油存放必须远离火源。

（3）有汽油溢出时，必须立即用吸附剂进行处理。

（4）用合适的容器收集污染过的燃油、燃油滤清器，并妥善保管和回收利用。

（5）沾上汽油的抹布或物品，不得作为生活垃圾处理。

❷ 安全措施

（1）汽油会刺激人的皮肤，可能致癌。应避免使汽油接触到皮肤、眼睛或衣服。

（2）沾上汽油的衣服或鞋子，必须立即更换。

（3）皮肤接触到汽油后，立即用水和肥皂清洗。

（4）汽油溅入眼睛后，用水彻底冲洗。

（5）汽油蒸气吸入体内后，多呼吸新鲜空气，出现呼吸困难时应尽快去医院治疗。

（6）吞食汽油后，千万不要催吐，因为液态汽油可能会进入肺部，应立即去医院治疗。

三 电控燃油喷射系统主要部件的构造

电控燃油喷射系统由空气供给系统、排气系统、燃油供给系统和电子控制系统等组成。

1 空气供给系统

空气供给系统的作用是为发动机可燃混合气的形成提供必要的空气，并计量和控制燃油燃烧时所需要的空气量。空气供给系统如图2-4-2所示，空气经空气滤清器、空气流量计、节气门体进入进气总管，再分配到各缸进气歧管。在进气歧管内（或进气门处），空气与喷油器喷出的燃油混合后被吸入汽缸内燃烧。

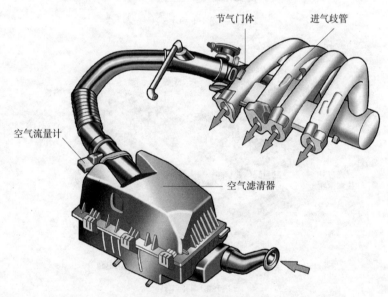

图2-4-2 空气供给系统

❶ 空气滤清器

空气滤清器是用来滤清空气中所含的尘土，以减少汽缸、活塞、活塞环等零件的磨损，延长发动机的使用寿命。

空气滤清器的种类很多，图2-4-3所示为纸质干式空气滤清器，它是通过用树脂处理的纸质滤芯对空气进行过滤。纸质滤芯的寿命取决于纸面大小（通常成波折状以提高过滤面积）及空气本身的清洁程度，一般可连续使用10000～50000km。纸质滤芯不能清洗，脏污时可用压缩空气吹去灰尘，严重时必须更换。纸质干式滤清器质量轻、结构简单、安装及维护方便、滤清效果好，因此在汽车上得到广泛应用。

❷ 节气门体

节气门体（图2-4-4）是安装调节控制吸入发动机的空气的节气门部件，节气门体主要由节气门、用于检测节气门开闭状态的节气门位置传感器、节气门定位电位计、节气门定位器（电动机）、节气门电位片和怠速开关等组成。汽车在正常行驶时，空气流量由节气门控制，而节气门则是驾驶人通过加速踏板操纵。

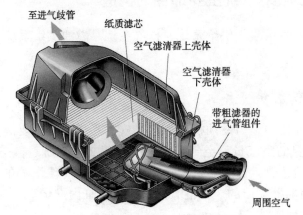

图2-4-3 纸质干式空气滤清器

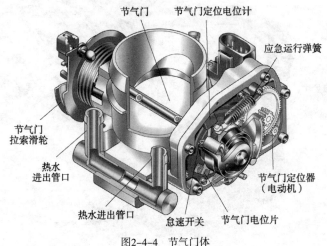

图2-4-4 节气门体

❸ 进气歧管与稳压箱

进气歧管的结构如图2-4-5所示。进气歧管的功用是将空气或可燃混合气引入汽缸，并保证进气充分及各缸进气量均匀一致。进气歧管多用铝合金或铸铁制造，有些也采用复合塑料制作。有些乘用车进气歧管前还设有稳压箱（也称共鸣腔、谐振腔），稳压箱的功用是消除进气压力脉动，保证各缸混合气分配均匀。

❹ 可变进气系统

为提高进气效率，在一些汽油机电控燃油喷射系统中采用了可变进气系统。可变进气系统结构如图2-4-6所示，其工作原理如图2-4-7所示。

发动机在低转速时，进气控制阀门关闭，气流需经过较长的进气歧管进入汽缸，这样可利用进气的流动惯性来提高进气效率，使发动机在低转速下获得较大的转矩；而在高转速时，则是通过打开控制阀门来减小进气阻力，气流经过较短的进气歧管进入汽缸，从而提高进气效率，可获得较高的最大输出功率。

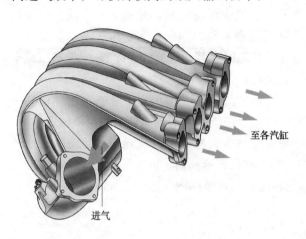

图2-4-5 进气歧管的结构

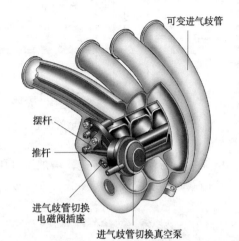

图2-4-6 可变进气系统的结构

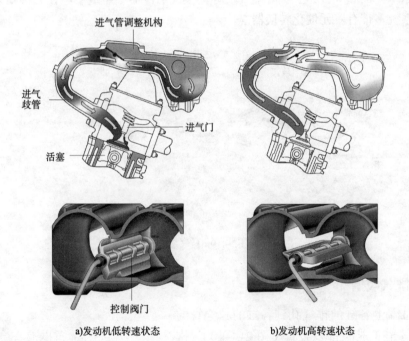

a)发动机低转速状态　　　　　　b)发动机高转速状态

图2-4-7 可变进气系统工作原理

5 废气涡轮增压系统

废气涡轮增压是指利用发动机排出的高温高压废气能量，驱动涡轮作高速旋转，带动同轴上的压气机，对燃烧所需的空气进行预压缩，这样，在发动机排量和转速不变的情况下，增加了流入发动机的空气量，提高了进气效率，因而可提高发动机的功率。

可调叶片式涡轮增压系统如图2-4-8所示，它包括同轴的涡轮与压气机叶轮。涡轮

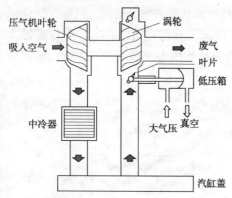

图2-4-8 可调叶片式涡轮增压系统

与压气机叶轮上有很多叶片,从汽缸排出的废气直接进入涡轮,并推动涡轮旋转,带动压气机叶轮旋转,把吸入的空气增压,送入汽缸。由于利用高温废气进行增压,涡轮增压器温度较高,经压缩的空气也温度较高,使进气密度减少,对提高进气效率不利,因此,需要在压缩空气出口到进气歧管之间安装冷却器(中冷器),冷却压缩空气,提高其密度。

可调叶片式涡轮增压系统能够在发动机整个范围内调整进气增压的压力。当发动机转速低时,叶片开度减少,减少废气流通截面,使废气流速增加,提高废气涡轮转速,增加进气压力;当发动机转速高时,叶片开度增大,增加废气流通截面,使废气流速降低,维持废气涡轮转速在正常范围内,保证进气压力的稳定。

2 排气系统

排气系统(图2-4-9)主要由排气歧管、排气消声器等组成,电控燃油喷射系统汽油机的排气系统多带有三元催化转换器。

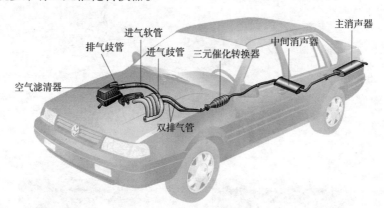

图2-4-9 排气系统

❶ 排气歧管

从汽缸盖上各缸的排气孔到各缸的独立管的汇集处的管道总成叫排气歧管(图2-4-10)。排气歧管一般都采用成本低,耐热性、保温性较好的铸铁制成。

❷ 排气消声器

排气消声器的作用是消除废气中的火星及火焰,降低排气噪声。

排气消声器有吸收、反射两种基本的消声方

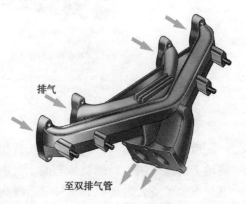

图2-4-10 排气歧管

式，如图2-4-11所示。吸收式消声器是通过废气在玻璃纤维、钢纤维和石棉等吸声材料上的摩擦而减少其能量。反射式消声器则是多个串联的谐调腔与长度不同的多孔反射管相互连接在一起，废气在其中经过多次反射、碰撞、膨胀、冷却而降低压力，减轻振动。

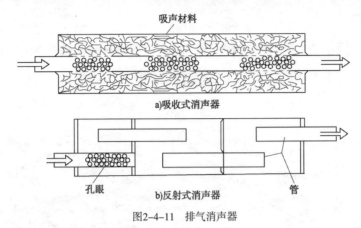

图2-4-11 排气消声器

汽车上实际使用的排气消声器，多数是综合利用不同的消声原理组合而成的，如图2-4-12所示。

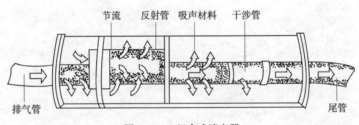

图2-4-12 组合式消声器

3 三元催化转换器

三元催化转换器结构如图2-4-13所示，其内部为一个圆柱形反应柱，反应柱由很多孔径较小的直管组成，反应柱的所有表面都用白金系列催化剂镀膜。这种催化剂可将一氧化碳（CO）和碳氢化合物（HC）通过氧化反应变成对人体无害的二氧化碳（CO_2）和水（H_2O），将氮氧化合物（NO_x）还原成氮气（N_2）和氧气（O_2）。为了使尾气达到一定的环境保护标准，大多数汽油发动机都配备了三元催化转换器。

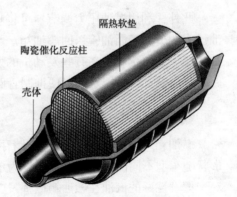

图2-4-13 三元催化转换器

3 燃油供给系统

燃油供给系统的作用是供给发动机燃烧过程所需的燃油。燃油供给系统结构如图2-4-14所示，主要由燃油泵、燃油滤清器、油压脉动阻尼器、燃油压力调节器和喷油器等组成。

燃油从燃油箱中被燃油泵吸出，先由燃油滤清器将杂质滤除后再通过输油管送到各个喷油器。喷油器则根据 ECU 发出的指令，将计量后的燃油喷入各进气歧管并与流入发动机内的空气进行混合，形成可燃混合气。发动机在正常工况喷油量只取决于各喷油器通电时间长短。

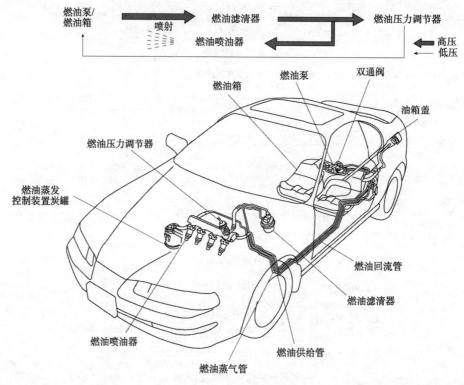

图2-4-14 燃油供给系统

此外，利用燃油压力调节器可将喷油压力控制在一定的范围内，而将多余的燃油从燃油压力调节器经回油管送回燃油箱。为了消除燃油泵泵油时或喷油器喷油时引起管路中的油压产生微小扰动，在有些发动机的燃油供给系统中还装有油压脉动阻尼器，用于吸收管路中油压波动时的能量，以便抑制管路中油压的脉动，提高系统的喷油精度。

1 燃油箱

燃油箱（图 2-4-15）是用来储存燃油的，其容积大小与车型和发动机排量有关，其形状随车型不同而各异，这主要是为了适应在车上的布置安装。

挥发性好的汽油在燃油箱内挥发，直接将挥发的汽油蒸气排到大气中会污染环境，为此设置了燃油箱蒸发排放控制装置（图 2-4-16），将活性炭罐与燃油箱相连接，挥发的汽油蒸气被吸附在活性炭上。发动机工作时，活性炭罐电磁阀通电打开，被吸附在活性炭上的汽油蒸气即可被吸入汽缸并燃烧。

2 电动燃油泵

电动燃油泵的作用是把燃油从油箱内吸出并通过喷油器供给发动机各汽缸。

电控燃油喷射系统中最常用的是内置式燃油泵，即燃油泵安装在燃油箱内。内置式燃油泵不易发生气阻和漏油现象，对泵的自吸性能要求较低，故应用广泛。内置式燃油泵主要有叶片式和滚柱式两种。

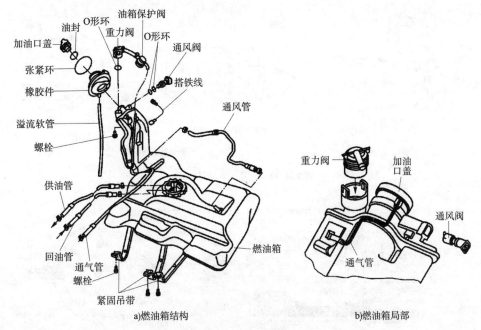

图2-4-15 带附件的燃油箱

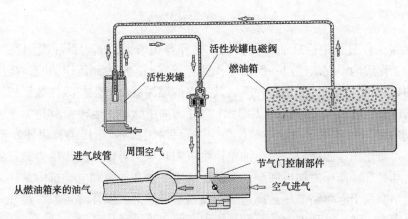

图2-4-16 燃油箱蒸发排放控制装置

❶ 叶片式电动燃油泵

叶片式电动燃油泵结构和工作原理如图 2-4-17 所示。叶轮是一个圆平板，在平板的圆周上加工有小槽，形成泵油叶片。当叶轮旋转时，圆周上小槽内的燃油随同叶轮一同高速旋转。由于离心力的作用，使出油口处压力增高，而在进油口处产生真空，从而使燃油在进油口处被吸入，在出油口处被排出，这样周而复始地完成燃油的输送。叶片式电动燃油泵运转噪声小，油压脉动小，泵油压力高，叶片磨损小，使用寿命长。

❷ 滚柱式电动燃油泵

滚柱式电动燃油泵如图 2-4-18 所示。转子偏心地安装在泵体内，滚柱装在转子的凹槽中。在永磁电动机的驱动下，当转子旋转时，滚柱在离心力的作用下紧压在泵体的内表面上，同时在惯性力的作用下，滚柱总是与转子凹槽的一个侧面贴紧，从而形成若干个封闭的工作腔。

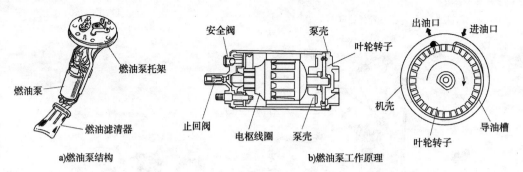

图2-4-17 叶片式电动燃油泵

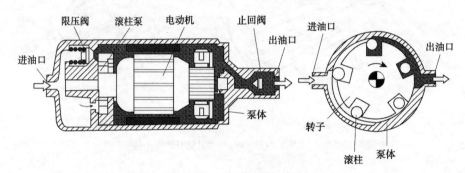

图2-4-18 滚柱式电动燃油泵

在燃油泵工作过程中，进油口一侧的工作腔容积增大，成为低压吸油腔，燃油经进油口被吸入工作腔内。在出油口一侧的工作腔容积减小，成为高压压油腔，高压燃油从压油腔经出油口流出。油泵转子每转一圈，其排出的燃油就要产生与滚柱数目相同的压力脉动，故在出口处装有油压缓冲器，以减小出口处的油压脉动和运转噪声。

止回阀的作用主要用于防止燃油倒流，并可保持管路残余压力，以便发动机下次容易起动，并可防止由于温度较高时，油路产生气阻现象。若油泵输出压力超过400kPa时，安全阀会自动打开，高压燃油可回至油泵的进油室，并在油泵和电动机内循环，以此可避免由于油路堵塞而引起管路油压过高造成管路破裂或燃油泵损坏等现象。滚柱式电动燃油泵运转时噪声大，油压脉动也大，而且泵体内表面和转子容易磨损。

3 燃油滤清器

燃油滤清器（图2-4-19）可清除燃油中的杂质，防止堵塞喷油器等部件，减少运动部件的磨损。

燃油滤清器与普通的滤清器一样，采用过滤形式，壳体内有一个纸滤芯。滤芯的形式通常有两种，即菊花形和涡卷形。燃油滤清器的滤芯应根据车辆行驶里程、使用的燃油质量情况及时更换，以确保发动机稳定行驶，提高可靠性。

4 燃油分配管

燃油分配管（图2-4-20）的功用是将燃油均匀、等压地输送给各缸喷油器。由于它的容积较大，故有储油蓄压、减缓油压脉动的作用。

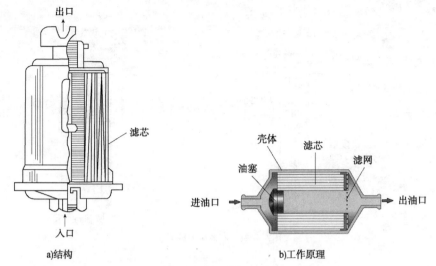

图2-4-19　燃油滤清器

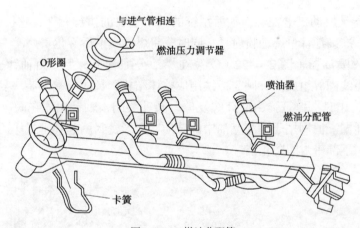

图2-4-20　燃油分配管

5 燃油压力调节器

燃油压力调节器一般安装在燃油分配管上，其作用是根据进气歧管内的绝对压力的变化来调节系统油压（燃油分配管油压），保持喷油器的喷油绝对压力恒定，使喷油器的燃油喷射量只取决于喷油器的开启时间。

燃油压力调节器（图2-4-21）有金属壳体，其内部由橡胶膜片分为弹簧室和燃油室两部分。弹簧室内有一个带预紧力的螺旋弹簧，它作用在膜片上。在膜片上安装一个阀，控制回油。另外，还通过一根真空管与进气歧管相连。

当系统油压超过规定值时，燃油压力克服弹簧压力，将膜片向上压，打开阀门，与回油通道接通，燃油流回燃油箱，系统压力降低，系统油压又回到规定值。

如果进气歧管真空度变大，为了维持燃油分配管内部与进气歧管内部的压力差恒定，就必须降低系统油压。把进气歧管真空度引入弹簧室，能够减少膜片上方螺旋弹簧的作用力，进而减少打开阀门的压力，使系统油压下降到规定值。

当电动燃油泵停止工作时，在膜片和螺旋弹簧力的作用下使阀门关闭，保持油路中的残余压力。

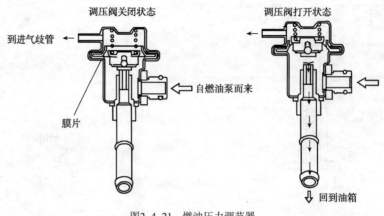

图2-4-21　燃油压力调节器

6 电磁喷油器

电磁喷油器是发动机电控燃油喷射系统的一个重要的执行元件，它接收ECU送来的喷油脉冲信号，准确地计量燃油喷射量，同时，将燃油喷射后雾化。

轴针式电磁喷油器（图2-4-22）安装在燃油分配管上，主要由轴针、针阀、衔铁、复位弹簧及电磁线圈等组成。针阀与衔铁制成整体结构，针阀上端安装一复位弹簧。当电磁喷油器停止工作时，弹簧弹力使针阀复位，阀针关闭，轴针压靠在阀座上起到密封作用，防止燃油泄漏。滤网用于过滤燃油中的杂质，O形密封圈起到密封作用，上部密封圈防止燃油泄漏，下部密封圈防止漏气。

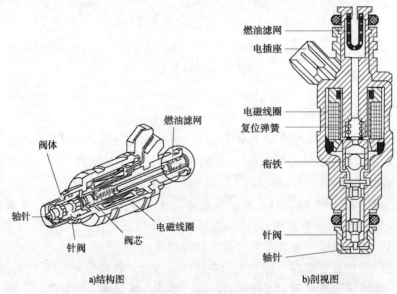

图2-4-22　轴针式电磁喷油器

当电磁线圈通电时，电磁吸力使针阀克服复位弹簧的弹力，针阀与轴针上移，阀门打开，燃油便从喷孔喷出。由于燃油压力较高，因此喷出的燃油得到良好雾化。当电磁线圈断电时,电磁吸力消失,针阀与轴针在复位弹簧作用下复位,阀门关闭,喷油停止。

4 电子控制系统

电子控制系统的功用是根据发动机运转状况和车辆运行状况确定汽油最佳喷射量和最佳点火提前角。此外,还可进行怠速控制、排放控制和故障自诊断等。电子控制系统由传感器、电子控制单元(ECU)、执行器3部分组成,桑塔纳2000GSi型乘用车AJR发动机电控燃油喷射系统各部件安装位置如图2-4-23所示,其控制图如图2-4-24所示。

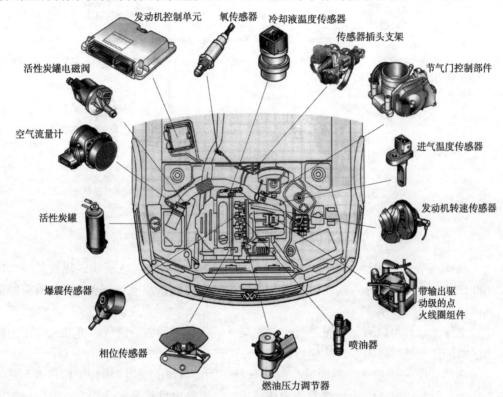

图2-4-23 桑塔纳2000GSi型乘用车AJR发动机电控燃油喷射系统各组件的安装布置图

电子控制系统的核心是ECU,ECU根据发动机中各种传感器送来的信号控制喷油时间、点火正时等。传感器监测发动机的实际工况,计量各种信号并传输给ECU,ECU输出的各种控制指令由执行器执行。

1 传感器

传感器是用来测量或检测反映发动机运行状态下的各种物理量、电量和化学量等,并将它们转换成计算机能接收的电信号后再送给ECU。常用的传感器主要有空气流量计、进气歧管绝对压力传感器、发动机转速与曲轴位置传感器、温度传感器、节气门位置传感器、氧传感器、爆震传感器等。另外,还有各类开关、继电器等。

❶空气流量计

空气流量计是测量发动机进气量,是用来确定基本喷油量的主要依据之一。空气流量计设置在空气滤清器与节气门体之间,也有安装在空气滤清器上,还有将空气流量计与节气门体作成一体安装在发动机上。目前常用的是热线式空气流量计和热膜式空气流量计。

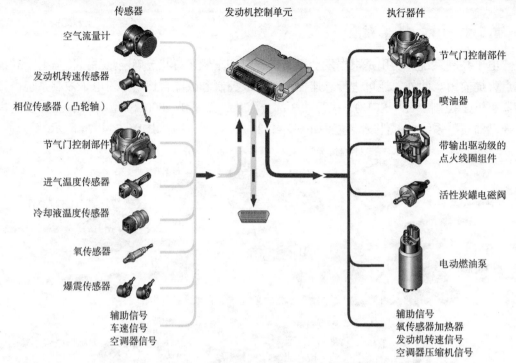

图2-4-24 桑塔纳2000GSi型乘用车AJR发动机电控燃油喷射系统控制图

（1）热线式空气流量计。热线式空气流量计的结构如图2-4-25所示，热线是圆筒内保持100℃的电线，由于进入发动机的空气会冷却热线，测量出热线保持100℃所需的电流，就可以算出空气流量。

这种空气流量计可以直接测量进气空气的质量流量，无须进行进气温度和大气压力修正，无运动部件，进气阻力小，响应特性较好，可正确测出急减速时空气进气量。

（2）热膜式空气流量计。热膜式空气流量计（图2-4-26）的结构和工作原理与热线式基本相同，只是将发热体由热线式改为热膜式，热膜是由发热金属铂固定在薄的树脂膜上构成。这种结构可使发热体不直接承受空气流动所产生的作用力，增加了发热体的强度，提高了使用寿命，它的金属网用于产生微观紊流，以使测量信号稳定。由于这些优点，使它的应用更为广泛。

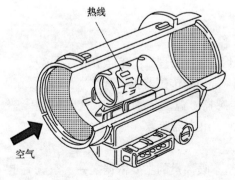

图2-4-25 热线式空气流量计

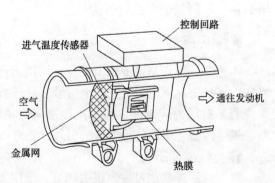

图2-4-26 热膜式空气流量计

❷ 进气歧管绝对压力传感器

电控燃油喷射系统可通过进气歧管压力和发动机转速推算发动机进气量。进气歧管压力的测定靠绝对压力传感器完成。进气歧管绝对压力传感器种类较多，就其信号产生原理可分为半导体压敏电阻式、电容式、膜盒传动的可变电感式和表面弹性波式等。

半导体压敏电阻式压力传感器如图2-4-27所示，它是利用半导体的压电效应原理制成的，这种传感器是将硅片的周边固定在基座上，再将整体封入一壳体内，并在壳体内形成真空，当通道口与进气管相连接时，进气管内的压力就会使传感器内的膜片产生压力，此时由应变电阻组成的电桥电路就会输出与进气管内压力成比例的电压。由于基准压力是真空的压力，使用这种压力传感器可以测定出绝对压力。该传感器具有体积小、精度高、成本低和可靠性、抗振性好等特点，在现代汽车上得到了广泛应用。

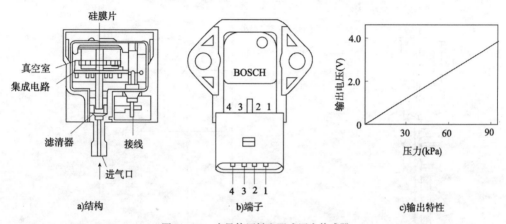

图2-4-27 半导体压敏电阻式压力传感器

由于压力传感器结构和测量原理的要求，压力传感器安装在振动较小的车身处，用一根橡胶管作为取气管与进气总管相连。

❸ 发动机转速与曲轴位置传感器

发动机转速与曲轴位置传感器是提供发动机的转速、曲轴转角位置及汽缸行程位置信号，以此确定发动机的基本喷油时刻、喷油量及点火时刻。发动机转速与曲轴位置传感器可分为磁电式、光电式和霍尔式3种类型。此外，就其安装部位来看，有的安装在曲轴前端，有的安装在凸轮轴前端或分电器内以及飞轮上。车型不同，所采用的结构形式有所不同，所以也有曲轴位置传感器或凸轮轴位置传感器之说，两者的原理和结构形式基本相同，只是安装位置有所区别而已。

磁电式曲轴转速传感器（图2-4-28）负责采集曲轴转角位置和发动机转速信号。在曲轴上有一个靶轮，靶轮上有60个齿，传感器对它进行扫描。当靶轮经过传感器时，产生一个交变电压信号，其频率随发动机转速变化而变化，

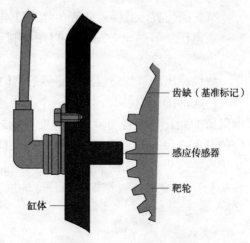

图2-4-28 曲轴转速传感器

控制单元根据交变电压的频率识别发动机的转速。在靶轮上有一处缺两个齿,感应传感器扫描到该处,1缸活塞处于上止点前72°,它是作为控制单元识别曲轴转角位置的基准标记。

❹ 温度传感器

温度传感器有冷却液温度传感器、进气温度传感器与排气温度传感器等,这些传感器多采用的是负温度系数的热敏电阻式温度传感器,即热敏电阻的阻值随温度的升高而减小。

冷却液温度传感器(图2-4-29)用来检测发动机冷却液温度,该值用于喷油量和点火时刻的修正。当发动机冷却液温度改变时,传感器向控制单元输送的信号电压也发生改变,从而可获得冷却液的温度状态。

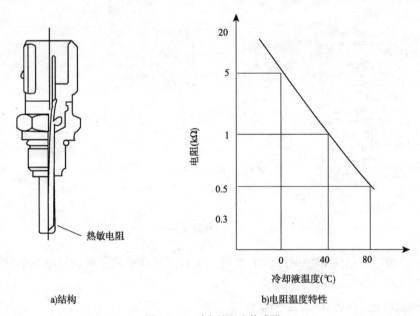

a)结构　　　　　　　　b)电阻温度特性

图2-4-29　冷却液温度传感器

❺ 节气门位置传感器

节气门位置传感器通常装在节气门体上,可同时把节气门开度、怠速、大负荷等信号转换成电压信号送至ECU中,以便控制系统根据发动机的各种工况对其喷油量及点火提前角进行最优控制。

线性输出型节气门位置传感器的结构如图2-4-30a)所示,在传感器上安装了两个与节气门联动的电刷触头,其中一个电刷触头在印刷电路基片上的滑片电阻上滑动,利用电阻值的变化,测得与节气门开度对应的线性输出电压,根据输出的电压值,可知节气门的开度。另一个电刷触头在节气门关闭时与怠速触点IDL接触。IDL信号主要给ECU提供怠速信号,用于断油控制和点火提前角修正。节气门开度输出信号V_{TA}则使ECU对喷油量进行控制,随着节气门开度的增大,节气门开度输出电压线性增大,如图2-4-30b)所示。

❻ 氧传感器

氧传感器(图2-4-31)是用锆元素制成的元件,其内外表面涂上一层白金作为电极,内外表面分别与外界空气和废气接触。如果废气中没有氧气，氧化锆内外表面电极间的电动势就会迅速增大，根据这种变化，来准确地检测出可燃混合气是否达到了理论可燃混合气浓度，并向 ECU 提供可燃混合气浓度的反馈信号，以此控制可燃混合气浓度在理想范围之内。

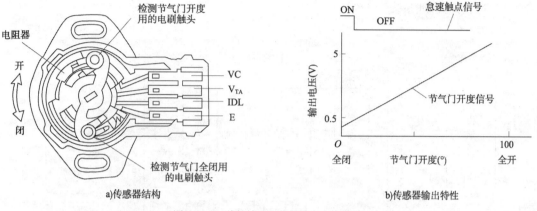

图2-4-30 线性输出型节气门位置传感器

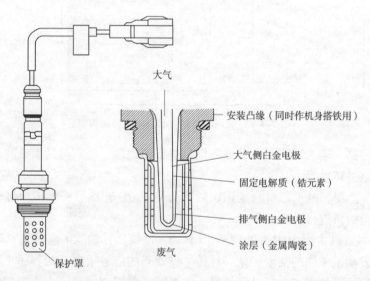

图2-4-31 氧传感器

❶ 爆震传感器

爆震传感器（图2-4-32）利用受压后电压改变的压电元件来检测发动机是否发生爆震的传感器，它可有效地抑制发动机爆震现象的发生。爆震传感器将检测出来的爆震程度传给 ECU，ECU 可及时对发动机的点火提前角进行反馈控制，来实现发动机点火时刻的闭环控制。

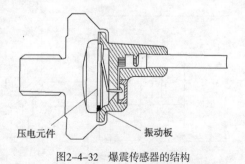

图2-4-32 爆震传感器的结构

❷ 控制单元

电子控制单元常用 ECU 表示。在发动机控制系统中，ECU 的主要功能是根据发动机运转状况和车辆运行状态对发动机进行精确控制。

ECU 的主要部件是微型电子计算机（简称微机），可实现多功能的高精度集中控制。ECU 的基本结构如图 2-4-33 所示，主要由输入回路、A/D 转换器（模拟信号/数字信号转换器）、微机和输出回路组成，是对汽油喷射、点火正时、怠速、进气及排放等进行综合控制的发动机管理系统。

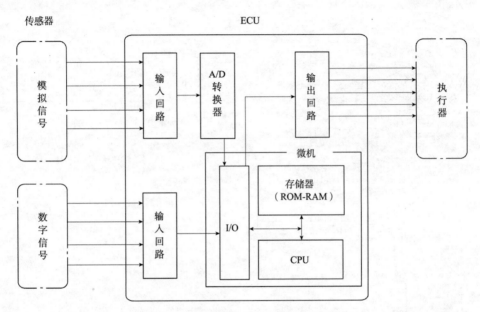

图2-4-33　发动机电子控制装置的基本结构

（1）输入回路。输入回路对各种输入信号进行预处理，一般包括去杂波，把正弦波转换成矩形波及电平转换等。

（2）A/D 转换器。由于微机只能识别数字信号，A/D 转换器将模拟信号转换成数字信号后，才能送至微机进行处理。

（3）微机。微机主要由中央处理器（CPU）、存储器、输入/输出装置等组成。微机的功能是根据发动机工作的需要，把各种传感器送来的信号用内存的程序（微机处理的顺序）和数据进行运算处理，并把处理结果（如燃油喷射控制信号、点火控制信号等）送往输出回路。

（4）输出回路。输出回路是微机与执行元件之间的连接桥梁，其主要功用是将微机的处理结果放大，生成可以驱动执行元件工作的控制信号。输出回路一般采用的是功率晶体管，根据微机的指令通过功率晶体管的导通与截止来控制执行元件的搭铁回路。控制喷油器的输出回路如图 2-4-34 所示，当功率晶体管导通时，喷油器通电喷油；当功率晶体管截止时，喷油器断电停油。

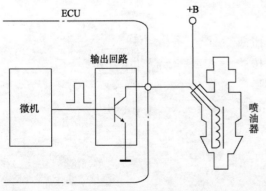

图2-4-34　控制喷油器的输出回路

项目二　汽油机燃料供给系统的拆装

本项目以桑塔纳 2000GSi 型乘用车 AJR 发动机电控燃油喷射系统为例进行说明。

一、冷却液温度传感器的拆装

1. 冷却液温度传感器的拆卸

（1）排放冷却液。

（2）关闭点火开关。

（3）确定冷却液温度传感器安装位置。如图 2-4-35 所示，冷却液温度传感器位于发动机后方的水管凸缘上，在空调温控开关的下方，与冷却液接触，为四线式连接器。

（4）用拇指和食指按压冷却液温度传感器插头上的卡簧，并向下用力拔出插头（图 2-4-36）。注意：拆装连接器时，严禁直接拉拔线束或用螺丝刀撬连接器，否则会导致连接器的损坏。

图2-4-35　冷却液温度传感器的拆卸（1）

图2-4-36　冷却液温度传感器的拆卸（2）

（5）取出冷却液温度传感器定位卡簧（图 2-4-37）。

（6）如图 2-4-38 所示，用手捏紧传感器的插座，转动并向下拉出冷却液温度传感器。

2. 冷却液温度传感器的检查

如图 2-4-39 所示，将冷却液温度传感器置于盛有水的容器中，用万用表连接 1 号、3 号端子，测量传感器的电阻。改变容器中的冷却液温度，观察电阻值的变化情况。AJR 型发动机冷却液温度传感器在 20℃时，电阻值应为 1500～2000Ω；在 80℃时，电阻值应为 275～375Ω。如果测量值与规定值不符，应更换冷却液温度传感器。

3. 冷却液温度传感器的安装

（1）如图 2-4-40 所示，将在冷却液中浸泡后的橡胶密封圈安装到冷却液温度传感器上的环槽中。

（2）如图2-4-41所示，将冷却液温度传感器对正其承孔，转动并推入承孔内。注意：安装冷却液温度传感器时，不要歪斜插入，严禁调敲击安装，否则密封圈、传感器会损伤。

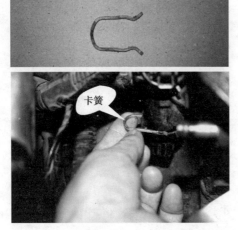

图2-4-37 冷却液温度传感器的拆卸（3）

图2-4-38 冷却液温度传感器的拆卸（4）

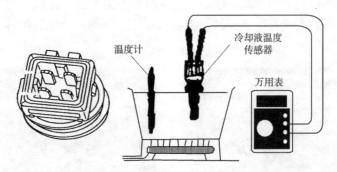

图2-4-39 冷却液温度传感器的检查

图2-4-40 冷却液温度传感器的安装（1）

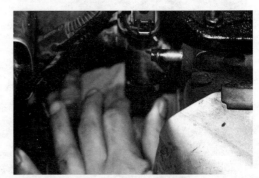

图2-4-41 冷却液温度传感器的安装（2）

（3）如图2-4-42所示，调整冷却液温度传感器在承孔中的位置，将定位卡簧插入承孔外壳上的槽口和传感器环槽中。

（4）如图2-4-43所示，将冷却液温度传感器的插头插到插座上。冷却液温度传感器的连接器安装后，要保证安装到位，锁止定位可靠。

图2-4-42 冷却液温度传感器的安装（3）　　图2-4-43 冷却液温度传感器的安装（4）

二、燃油箱的拆装

1 燃油箱的拆卸

（1）在点火开关断开的情况下，拔下蓄电池的搭铁线。
（2）使用专用设备抽取燃油箱内的燃油。
（3）如图2-4-44所示，旋下位于行李舱内地毯下的燃油箱密封凸缘。

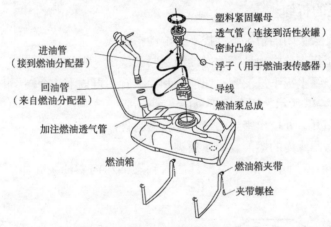

图2-4-44 燃油箱的拆卸（1）

（4）如图2-4-45所示，拔下导线插头上的导线。

（5）打开加油口盖板，撬出环绕在加油颈部的橡胶件的夹环。

（6）将橡胶件推入。

（7）旋下在车底部的加油颈固定螺栓。

（8）如图2-4-46所示，拔下位于车辆底部的输油管、回油管和通气管。

（9）将发动机及变速器托架放置在燃油箱下。

（10）如图2-4-47所示，松开燃油箱夹带。

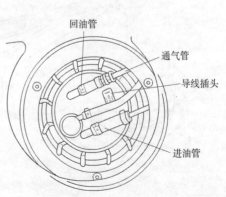

图2-4-45 燃油箱的拆卸（2）

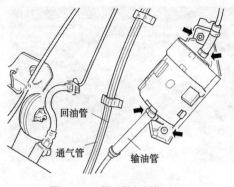
图2-4-46 燃油箱的拆卸（3）

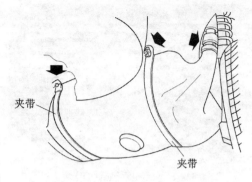
图2-4-47 燃油箱的拆卸（4）

（11）放下燃油箱。

❷ 燃油箱的安装

按与拆卸相反的顺序安装燃油箱。

三、燃油泵的拆装

❶ 燃油泵的拆卸

（1）在点火开关关闭的情况下，拔下蓄电池搭铁线。

（2）拆下位于行李舱内地毯下的燃油箱密封凸缘的盖板。

（3）从密封凸缘上拔下进油管、回油管和通气管，再拔下3个端子的导线接头。

（4）如图2-4-48所示，用专用工具旋下大螺母。

（5）从燃油箱开口处拉出密封凸缘和橡胶密封件。

（6）拔下密封凸缘内的燃油表导线插头。

（7）如图2-4-49所示，将专用工具插入到燃油箱内燃油泵壳体的3个拆装缺口内，旋松燃油泵。

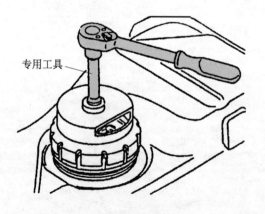
图2-4-48 燃油泵的拆卸（1）

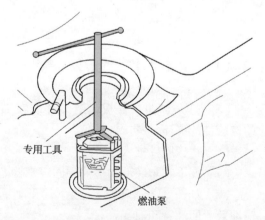
图2-4-49 燃油泵的拆卸（2）

（8）从燃油箱中拉出燃油泵。

❷ 燃油泵的安装

（1）如图 2-4-50 所示，将燃油泵同密封凸缘下引出的输油管和回油管以及燃油泵接头插入到燃油泵上，并保证软管接头连接紧固。

（2）将燃油泵插入到燃油箱内。

（3）用专用工具将燃油泵拧紧在燃油箱底部的固定位置上。

（4）在燃油箱开口上安装好密封圈，安装密封圈时用燃油将密封圈润湿。

（5）将密封凸缘连同浮子和燃油传感器插入到燃油箱开口并压到底。

（6）注意密封凸缘的安装位置，密封凸缘上的箭头必须对准燃油箱上的箭头（图 2-4-51）。

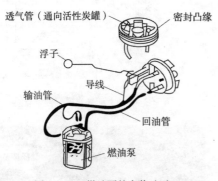 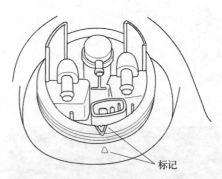

图2-4-50　燃油泵的安装（1）　　　　图2-4-51　燃油泵的安装（2）

（7）如图 2-4-52 所示，用专用工具拧紧大螺母。

（8）接上密封凸缘上部的输油管和回油管以及 3 个端子的导线插头。

四 燃油滤清器与活性炭罐的拆装

❶ 拆卸和安装燃油滤清器

（1）松开车辆底部燃油滤清器托架紧固螺栓，取下燃油滤清器托架。

（2）松开夹箍，拔下燃油滤清器的油管，使用一块抹布防止剩余的燃油滴落。

（3）取下燃油滤清器。

安装上新的燃油滤清器时应注意燃油滤清器上箭头应该指向燃油的流向。

❷ 拆卸和安装活性炭罐

活性炭罐的位置在右前轮罩下（图 2-4-53），拆卸及安装活性炭罐要拆下右前轮罩的挡板。

五 喷油器的拆装

❶ 喷油器的拆卸

（1）拔下各缸喷油器插头（图 2-4-54）。注意：拔下电插头时，拇指和食指按压卡片，同时用力向上拔即可。禁止使用螺丝刀等类似器具撬，以免损坏电插头。

（2）断开油压调节器真空管（图2-4-55）。如果真空管用手取下困难，可将棉纱缠绕在与金属管接触的真空管部位，使用鲤鱼钳来紧缠绕棉纱的真空管，上下转动橡胶管，等真空管松动后，再用手拉出真空管。

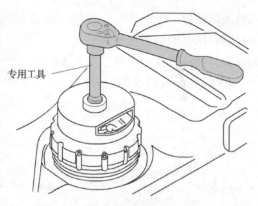

图2-4-52 燃油泵的安装（3）

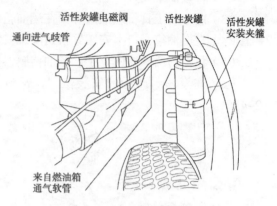

图2-4-53 活性炭罐部件安装图

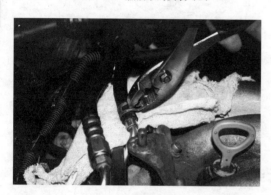

图2-4-54 喷油器的拆卸（1）

图2-4-55 喷油器的拆卸（2）

（3）断开进、回油管。如图2-4-56所示，使用扳手的14mm开口端和17mm开口端分别卡住进油管接头处的两个锁紧螺线，反向用力将油路连接螺母松开。

（4）如图2-4-57所示，用鲤鱼钳将回油管上的卡箍松开并拉离两管接触部位。

（5）如图2-4-58所示，用手握住橡胶油管与金属管接触部位，左右拧转橡胶油管，同时施加向后拉力，便可取下橡胶油管。

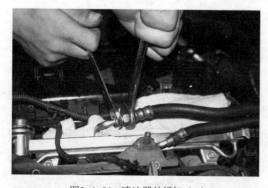

图2-4-56 喷油器的拆卸（3）

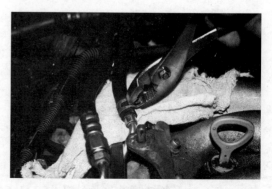

图2-4-57 喷油器的拆卸（4）

（6）如图2-4-59所示，拧松燃油导轨支架上的两个固定螺栓，用手取下导轨支架。

（7）如图2-4-60所示，用手转动各汽缸的喷油器。

（8）如图2-4-61所示，将进油管和回油管从燃油导轨上的固定卡中取出后，双手托于燃油导轨的两端，用力将燃油导轨水平端起。燃油导轨和喷油器一并取下。

图2-4-58 喷油器的拆卸（5）

图2-4-59 喷油器的拆卸（6）

图2-4-60 喷油器的拆卸（7）

图2-4-61 喷油器的拆卸（8）

（9）如图2-4-62所示，用螺丝刀撬出喷油器安装卡簧，将喷油器从燃油导轨上依次取下。

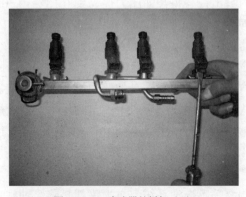

图2-4-62 喷油器的拆卸（9）

2 喷油器的安装

按与拆卸相反的顺序安装喷油器。

单元 5　柴油机燃料供给系统

项目一　柴油机燃料供给系统的结构和工作原理

一、柴油机燃料供给系统的功用和组成

柴油机燃料供给系统的功用是根据柴油机不同工况，定时、定压、定量地把柴油按一定规律喷入汽缸，与吸入汽缸的清洁空气迅速地混合燃烧，并将燃烧后生成的废气排到大气中。

柴油机燃料供给系统一般由燃油供给装置（包括柴油箱、柴油粗滤器、输油泵、柴油细滤器、喷油泵、调速器、喷油器及油管等）、空气供给装置（包括空气滤清器、进气管和进气道等）、混合气形成装置（即为燃烧室）和废气排出装置（包括排气道、排气管和排气消声器等）组成。

图 2-5-1 所示是装有柱塞式喷油泵的燃油供给装置示意图。发动机工作时，输油泵经吸油管将柴油自柴油箱内吸出，并将柴油压力提高到 0.15～0.30MPa，再经柴油滤清器滤去杂质后送至喷油泵，喷油泵将柴油压力进一步提高至 10MPa 以上，通过出油阀、高压油管泵入喷油器，喷油器再将柴油以雾状喷入燃烧室并与空气混合后自行着火燃烧。输油泵供给的多余柴油以及喷油器顶部回油孔流出的少量柴油，都经回油管流回柴油箱。

图 2-5-2 所示为装有转子分配式喷油泵的柴油机燃油供给装置示意图，它是由凸轮驱动的一级输油泵将燃油从燃油箱内吸出后产生一定的压力，通过燃油滤清器滤清后输送到二级输油泵，再由二级输油泵将压力提高到 40～50kPa 后输送到分配泵，由分配泵将压力进一步提高到 50MPa 以上，并按发动机工作顺序将高压燃油送到各个汽缸的喷油器喷入燃烧室，多余的燃油流回燃油箱。

图 2-5-3 为电子控制泵喷嘴燃油系统。泵喷嘴就是将泵油柱塞和喷油器合成一体，安装在缸盖上。电子控制泵喷嘴压力目前可达 200MPa，它的驱动机构必须采用顶置式凸轮驱动机构。电子控制泵喷嘴系统主要由泵喷嘴、驱动摇臂机构、电子控制单元（ECU）、各种传感器等组成。电子控制泵喷嘴系统的最大特点是：燃油压力升高仍然是机械式的，喷油始点和终点由电磁阀控制，即喷油量和喷油时间是由电磁阀控制的。

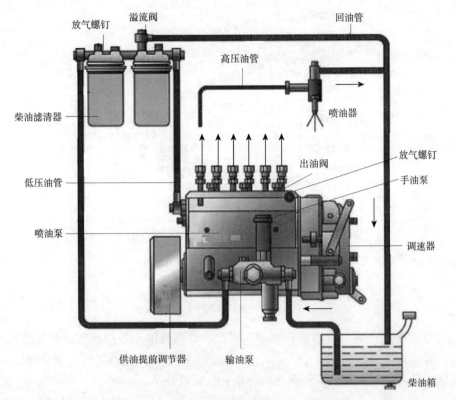

图2-5-1 装有柱塞式喷油泵的燃油供给装置示意图

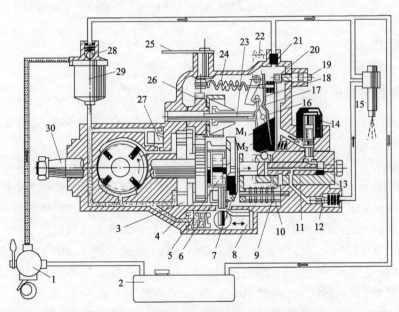

图2-5-2 装有转子分配式喷油泵的柴油机燃油供给装置示意图

1—一级输油泵；2-燃油箱；3-二级输油泵；4-调速器驱动齿轮；5-联轴器；6-滚轮及滚轮圈；7-端面凸轮；8-供油提前调节器；9-分配柱塞复位弹簧；10-油量控制滑套；11-分配柱塞；12-出油阀；13-分配套筒；14-电磁式断油阀；15-喷油器；16-张紧杠杆限位销钉；17-起动杠杆；18-张紧杠杆；19-全负荷供油量调节螺钉；20-校准杆；21-溢油节流孔；22-停机手柄；23-调速套筒；24-调速弹簧；25-调速控制杆；26-飞块总成；27-调压阀；28-溢流阀；29-燃油细滤器；30-分配泵驱动轴

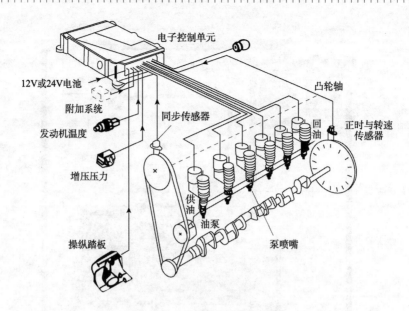

图2-5-3 电子控制泵喷嘴燃油系统

大容量齿轮式供油泵将燃油从燃油箱吸出，燃油被加压后经高效滤清器滤除杂质后，送入汽缸盖上的主供油管内；主供油管和汽缸盖上的各个喷油器之间由支管连接。溢出燃油通过连接各喷油器的溢油管经调压阀排出到汽缸盖外部。

ECU 直接安装在发动机机体上，它根据安装在飞轮以及凸轮相关部位的两个转速传感器检测到的发动机转速和曲轴转角、加速踏板位置传感器信号及其他的传感器信号进行最佳燃油喷射控制。ECU 打开或关闭泵喷嘴的电磁阀，控制喷油量和喷油时间。

三 柴油

1 柴油的使用性能指标

柴油是由石油中提炼出来的碳氢化合物，其中各成分质量分别是碳 87%、氢 12.6%、氧 0.4%。柴油的使用性能指标主要是发火性、蒸发性、黏度和凝点。

（1）发火性。发火性是指柴油的自燃能力。柴油机工作时，柴油被喷入燃烧室后，并非立即着火燃烧，而要经过一段时间的物理和化学准备，这个准备时间称为备燃期。备燃期过长，在燃烧开始前燃烧室内积存的柴油过多，致使燃烧开始后汽缸内压力升高过快，使柴油机工作粗暴；反之，备燃期短，会使发动机工作柔和，而且可在较低温度下发火，有利于起动。柴油的发火性用十六烷值表示，十六烷值越高，发火性越好。但十六烷值过高的柴油喷入燃烧室后，还来不及与空气充分混合就着火，使柴油在高温下裂解分离出大量的游离碳，造成油耗、烟度上升。因此，一般汽车用柴油的十六烷值应在 40～50 范围内。

（2）蒸发性。蒸发性是指柴油汽化的特性，是通过蒸馏试验来确定的，需要测量馏程为 50%、90% 及 95% 馏出温度。同一相对蒸发量的馏出温度越低，越有利于可燃混合气的形成与燃烧，越有利于起动，但同时也会使柴油机工作粗暴。若燃料中重馏分含量过多，则会造成雾化不良、汽化缓慢，使燃烧不完全而产生严重的积炭现象。

（3）黏度。黏度决定柴油的流动性。黏度过大的柴油，流动阻力也过大，难以沉淀、滤清，影响喷雾质量；黏度过小的柴油，将增加精密偶件工作表面间的柴油漏失量，并加剧这些表面的磨损。因此，应选用黏度合适的柴油。

（4）凝点。凝点是表示柴油冷却到开始失去流动性的温度。柴油的凝点应比柴油机最低工作温度低 3～5℃以上。凝点过高将造成油路堵塞。

❷ 柴油的选用

汽车柴油机应选用十六烷值较高、蒸发性较好、凝点和黏度合适、不含水分和机械杂质的柴油。

柴油按其所含重馏分的多少分为重柴油和轻柴油。汽车用柴油机都是高转速的，因此，应采用轻柴油。我国汽车用轻柴油的牌号是根据凝点编订的，常见的柴油牌号和选用原则见表 2-5-1。

常见的柴油牌号和选用原则　　　　　　　　　　　　表 2-5-1

轻柴油牌号	适用地区温度范围
5号柴油	适用于风险率为10%的最低气温在8℃以上的地区使用
0号柴油	适用于风险率为10%的最低气温在4℃以上的地区使用
-10号柴油	适用于风险率为10%的最低气温在-5℃以上的地区使用
-20号柴油	适用于风险率为10%的最低气温在-14℃以上的地区使用
-35号柴油	适用于风险率为10%的最低气温在-29℃以上的地区使用
-50号柴油	适用于风险率为10%的最低气温在-44℃以上的地区使用

一汽大众公司建议捷达柴油乘用车的用户，定期使用该公司推荐的燃油添加剂，零件号：N 052 FVW 00，以满足高速柴油机的要求，延长发动机的寿命。

❸ 环保和安全注意事项

❶ 环境保护

（1）柴油是对水有污染的物质，不能让柴油流入下水道，作业时只能在防渗的地面上进行。

（2）进行接触柴油的工作时，必须远离火源并禁止吸烟。

（3）有柴油溢出时，必须立即用吸附剂进行处理。

（4）用合适的容器收集污染过的柴油和柴油滤清器，并妥善保管和回收利用。

（5）沾上柴油的抹布或物品，不得作为生活垃圾处理。

❷ 安全措施

（1）应避免使柴油接触到皮肤、眼睛或衣服。

（2）沾上柴油的衣服或鞋子，必须立即更换。

（3）皮肤接触到柴油后，立即用大量清水和肥皂冲洗。

（4）柴油溅入眼睛后，应撑开眼皮并用流水彻底冲洗眼睛，然后马上到眼科医生处治疗。

（5）误食柴油后，立即漱口并喝下大量水，并尽快去医院治疗。

三、柴油机燃烧室

由于柴油机可燃混合气的形成和燃烧主要是在燃烧室内进行的，所以燃烧室的形状对可燃混合气的形成和燃烧有着直接的影响。柴油机燃烧室按结构形式分为两大类：统一式燃烧室和分隔式燃烧室。

1 统一式燃烧室

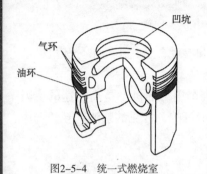

图2-5-4 统一式燃烧室

统一式燃烧室的结构特点是只有一个燃烧室，位于活塞顶面与汽缸盖底面之间，喷油器直接向燃烧室内喷射 15 ~ 30MPa 的高压柴油，借助油束形状与燃烧室形状的合理匹配，以及空气的涡流运动，迅速形成可燃混合气燃烧，故这种燃烧室又称为直喷式燃烧室。

统一式燃烧室主要集中在活塞顶的凹坑内，如图 2-5-4 所示，常见的活塞顶的凹坑形状如图 2-5-5 所示。统一式燃烧室要求燃油的喷射压力高，一般与孔式喷油器配合使用。

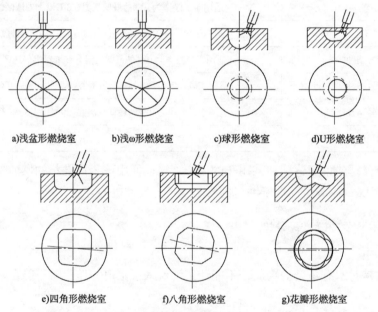

a) 浅盆形燃烧室　b) 浅ω形燃烧室　c) 球形燃烧室　d) U形燃烧室

e) 四角形燃烧室　f) 八角形燃烧室　g) 花瓣形燃烧室

图2-5-5 统一式燃烧室活塞顶凹坑形状

2 分隔式燃烧室

分隔式燃烧室由两部分组成，即主燃烧室和副燃烧室。主燃烧室位于活塞顶与汽缸盖底面之间，副燃烧室位于汽缸盖内。主、副燃烧室之间用一个或几个直径较小的通道相连。燃油则是喷入到副燃烧室内的。分隔式燃烧室常见的结构形式有涡流室式和预燃室式两种。

1 涡流室式燃烧室

涡流室式燃烧室（图 2-5-6）的副燃烧室多为球形或锥形。涡流室与主燃烧室用一个或数个通道连通。在压缩行程中，空气从汽缸内被挤入涡流室时，形成强烈的有规则的涡流运动，喷入涡流室内的燃油，在强烈的空气涡流作用下迅速与空气混合形成可燃混合气。着火后大部分柴油在涡流室内燃烧，未来得及燃烧的部分燃油在做功行程初期与高压燃气一起通过切向通道喷入主燃烧室，形成二次涡流，使之进一步与空气混合燃烧。

涡流室式燃烧室的优点是能形成强烈的涡流运动，对柴油喷雾质量要求低，可以采用喷油压力较低的轴针式喷油器。为了保证冷机起动，一般设置电热塞等起动辅助装置。

❷ 预燃室式燃烧室

预燃室式燃烧室（图 2-5-7）的预燃室多是长体结构，连通预燃室与主燃烧室的通道面积较小，且不与预燃室相切。燃料通过喷油器喷入预燃室，预燃室着火后温度、压力迅速上升，利用这部分燃料的燃烧能量将集中于下部通道口附近已预热的燃油高速喷向主燃烧室。预燃室式燃烧室要求的喷射压力比统一式燃烧室低，一般也与轴针式喷油器配合使用，发动机起动时一般需要电热塞先预热。

电热塞结构如图 2-5-8 所示。在起动前先通电预热分隔式燃烧室的副燃烧室，使起动着火容易，起动后断电。在电阻丝表面镀上一层具有一定绝缘性、传热性好、耐高温的氧化镁或氧化铝。电热塞温度为 600 ~ 900℃，因此能很快地将副燃烧室预热。

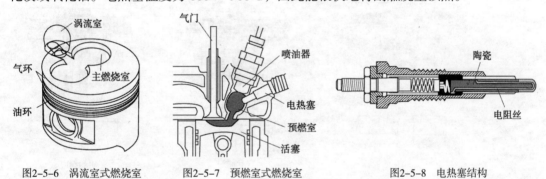

图2-5-6　涡流室式燃烧室　　图2-5-7　预燃室式燃烧室　　图2-5-8　电热塞结构

四　柴油机燃料供给系统主要部件的构造

1 输油泵

输油泵的功用是保证低压油路中柴油的正常流动，克服柴油滤清器和管路中的阻力，并以一定的压力向喷油泵输送足够量的柴油，输油量应为全负荷最大耗油量的 3 ~ 4 倍。输油泵的结构形式很多，常见的有活塞式、转子式、滑片式和齿轮式等。活塞式输油泵工作可靠，目前应用广泛。

活塞式输油泵的安装位置如图 2-5-9 所示，其结构示意图如图 2-5-10 所示。

活塞式输油泵的工作原理如图 2-5-11 所示，凸轮轴转动时，轴上的偏心轮及活塞弹簧使活塞作往复运动。如图 2-5-11a）所示，当偏心轮转到最低点时，活塞在活塞弹簧的作用下向下运动，这时，活塞上腔的容积增大，压力降低，产生一定的真空度，出油阀被关闭，进油阀被吸开，柴油便被吸入活塞上腔；同时，活塞下腔容积减小而压力增加，下腔的燃油从通道经出油阀送往柴油细滤器。

如图 2-5-11b）所示，当偏心轮由最低点转到最高点时，滚轮、滚轮架通过推杆推动活塞上移，活塞上腔的容积减小，油压升高，进油阀关闭，出油阀打开，燃油被压出并经过通道进入活塞下腔，补充因活塞上移而产生的真空。上述的压油动作连续不断，使柴油在压力下经滤清器，送往喷油泵。

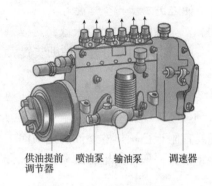

图2-5-9 活塞式输油泵的安装位置

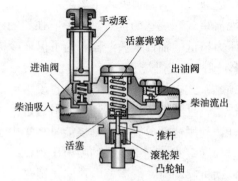

图2-5-10 活塞式输油泵结构示意图

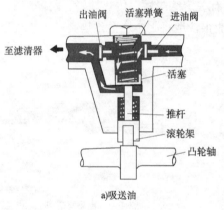
a) 吸送油

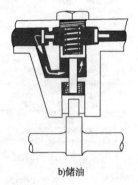
b) 储油

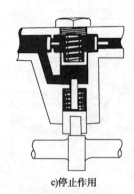
c) 停止作用

图2-5-11 活塞式输油泵的工作原理

当输油泵的供油量远远大于喷油泵的需要量，或柴油滤清器阻力过大时，输出油路及泵腔下方油压升高，当油压与活塞弹簧弹力平衡时，活塞即停在某一位置而不能回到下止点，使活塞泵油的有效行程减小，从而减少了输油量，并限制了压力的进一步升高，这样就实现了输油量与供油压力的自动调节，如图 2-5-11c) 所示。

为了便于起动或排出低压油路中的空气，输油泵外侧装有手油泵，可使用手油泵泵油，使低压油路充满柴油。

2 柴油滤清器

柴油滤清器有粗、细之分。柴油粗滤器一般安装在输油泵之前，用来清除柴油中颗粒较大的杂质，滤芯有纸质式、金属缝隙式、片式和网式等。柴油细滤器一般安装在输油泵之后，用来清除柴油中的微小杂质，它的滤芯有毛毡式、金属网式和纸质式等。目前，很多柴油机中设有两级滤清器，也有的只设有单级滤清器。

纸质滤芯柴油滤清器如图 2-5-12 所示，来自输油泵的柴油从进油器进入滤清器壳体与纸质滤芯之间的间隙，然后经过滤芯过滤之后，由中心杆经出油口流出。在滤清器盖上设限压阀,当油压超过标准时,限压阀打开,多余的柴油由进油口经限压阀直接返回柴油箱。

3 喷油泵

1 功用与分类

喷油泵又称为高压油泵,它的功用是根据发动机的不同工况,定时、定量地向喷油器输送高压柴油。喷油泵的结构形式较多,车用柴油机的喷油泵按作用原理不同,可分为如下3类。

(1)柱塞式喷油泵。这种喷油泵应用的历史较长,性能良好,工作可靠,为目前大多数汽车柴油机所采用。

(2)转子分配式喷油泵。这种喷油泵只有一对柱塞偶件,通过转子的转动实现燃油的增压与分配,它具有体积小、重量轻、成本低、使用方便等优点。转子分配泵又分为径向压缩式

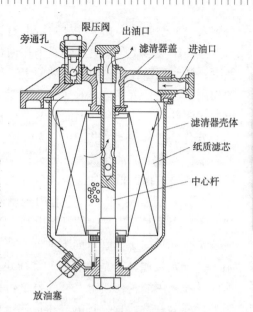

图2-5-12 纸质滤芯柴油滤清器

和轴向压缩式两种。径向压缩式分配泵部件配合精度要求高,结构复杂,近年来较少应用。

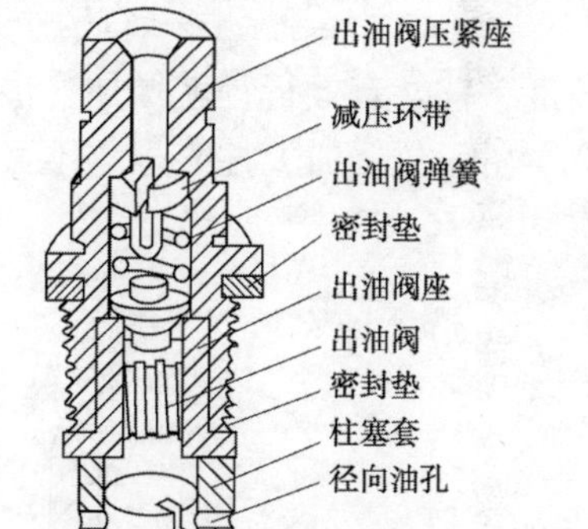

(3)泵喷嘴(喷油泵—喷油器)。将喷油泵和喷油器合为一体,直接安装在发动机汽缸盖上,可以消除高压油管带来的不利影响,但要求在发动机上另加驱动机构。在电控柴油燃油供给系统中常采用泵喷嘴。

2 柱塞式喷油泵

柱塞式喷油泵的每个汽缸都需要有一套泵油机构,几个相同的泵油机构装置(分泵)在同一泵体上就构成了多缸发动机的柱塞泵。柱塞泵一般固定在柴油机机体一侧的支架上,由柴油机曲轴通过齿轮驱动,齿轮轴和喷油泵的凸轮轴用联轴节连接,调速器安装在喷油泵的后端。

柱塞式喷油泵的结构如图2-5-13所示,它是由分泵、油量调节机构、传动机构、供油提前角调节装置和泵体等部分组成。

❶ 分泵

如图2-5-13所示,分泵主要是由柱塞偶件(柱塞和柱塞套)、柱塞弹簧、出油阀偶件(出油阀和出油阀座)、出油阀弹簧等组成。柱塞上部的圆柱表面铣有斜槽,斜槽底部与柱塞顶面有孔道相通。柱塞

图2-5-13 柱塞式喷油泵的结构

套装入喷油泵体的座孔中，柱塞套上有进油孔，此孔与泵体内的低压油腔相通。柱塞弹簧通过上支座支承于泵体上，弹簧下端通过下支座支承在柱塞上，装配时有预紧力，依靠弹簧力，柱塞压紧在滚轮架的上端面上。柱塞由喷油泵凸轮轴上的凸轮驱动，并在柱塞弹簧的作用下，在柱塞套内作往复运动。此外，它还可以绕自身轴线在一定角度范围内转动。出油阀偶件位于柱塞套的上面，两者接合平面要求密封。

分泵的工作原理如图2-5-14所示。当柱塞向下移动时［图2-5-14a）］，燃油自低压油腔经柱塞套上的油孔被吸入并充满泵腔，在柱塞自下止点上移的过程中，开始有一部分燃油被从泵腔挤回低压油腔，直到柱塞上部的圆柱面将两个油孔完全封闭为止，此后柱塞继续上升［图2-5-14b）］，泵腔内的燃油压力迅速增高，当此压力增高到足以克服出油阀弹簧的作用力时，出油阀即开始上移。当出油阀的圆柱形环带离开出油阀座时，高压燃油便自泵腔通过高压油管流向喷油器。当柱塞继续上移至如图2-5-14c）所示位置时，斜槽同油孔开始接通，于是泵腔内的油压迅速下降，出油阀在出油阀弹簧的作用下迅速复位，喷油泵停止供油。在柱塞上移的整个行程中，并非全部供油。柱塞由下止点到上止点所经历的行程为柱塞行程，它的大小取决于驱动凸轮的轮廓。而喷油泵只是在柱塞完全封闭油孔之后到柱塞斜槽和进油孔开始接通之前的这一部分柱塞行程内才泵油，称为柱塞的有效行程。显然，喷油泵每次的泵油量取决于柱塞的有效行程的大小。因此，欲使喷油泵能随发动机工况不同而改变供油量，只需改变柱塞有效行程即可，一般是通过改变柱塞斜槽和柱塞套油孔的相对角位置来实现的。

如将柱塞按如图2-5-15a）所示中箭头方向转动一个角度，柱塞有效行程就增加，供油量也增加；反之供油量则减少。当柱塞转到如图2-5-15b）所示位置时，柱塞根本不可能封闭油孔，因而有效行程为零，即喷油泵处于不泵油状态。

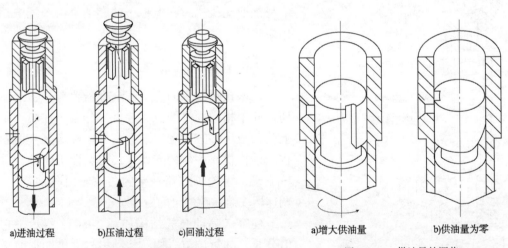

a)进油过程　　b)压油过程　　c)回油过程　　　　　a)增大供油量　　b)供油量为零

图2-5-14　分泵的工作原理　　　　　　　图2-5-15　供油量的调节

出油阀的结构与工作原理如图2-5-16所示。出油阀的上部呈圆锥形，与出油阀座相应的锥面配合。锥面下有一个短的圆柱面，称为减压环带，其作用是在喷油泵停止供油后迅速降低高压油管中的燃油压力，使喷油器能够立即停止喷油。出油阀的尾部与出油阀座内孔作滑动配合，为出油阀的运动导向，尾部开有纵切槽，形成十字形断面，以构成油流通路。当柱塞上升到封闭柱塞套进油孔时，泵腔内油压升高，克服出油阀弹簧预紧力后，出油阀开始上升，出油阀的密封锥面离开出油阀座，但此时还不能立即供油，直到减压环带完全离开出油阀座的导向孔时，才有燃油进入高压管路，使管路油压升高；当柱塞下落时，出油阀在出油阀弹簧的作用下开始复位，当减压环带进入导向孔时，泵腔与出油孔便立即被切断，于是燃油停止进入高压油管；出油阀再继续下降直到与密封锥面贴合时，由于出油阀体本身所让出的容积，使高压油管内的压力迅速降低，喷油就可以立即停止，故可避免喷油器发生滴漏现象。

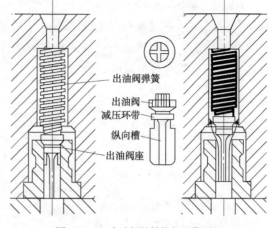

图2-5-16　出油阀的结构与工作原理

❷ 油量调节机构

油量调节机构的作用是根据柴油机负荷和转速的变化相应地改变喷油泵的供油量并保证各缸的供油量一致。由喷油泵的工作原理可知，喷油泵的供油量可通过转动柱塞以改变柱塞的有效行程的办法来改变。油量调节机构一般有拨叉式和齿条齿圈式两种形式。

（1）拨叉式油量调节机构（图2-5-17）。在柱塞的下端压套着调节臂，调节臂的端头插入固定在供油拉杆的拨叉的凹槽内。拨叉数与分泵数相同，供油拉杆装在泵体的导向套管中，其轴向位置受驾驶人或调速器控制。移动供油拉杆，柱塞就相对柱塞套转动，从而调节供油量。

（2）齿条齿圈式油量调节机构（图2-5-18）。柱塞下端有条状凸块伸入控制套筒的缺口内，控制套筒则套在柱塞套的外面，控制套筒的上部用紧固螺钉紧锁住一个齿圈，齿圈与供油齿条相啮合，供油齿条的轴向位置由驾驶人或调速器控制。移动供油齿条时，齿圈连同控制套筒带动柱塞相对于不动的柱塞套转动，以改变供油量。当需要调整某个缸的供油量时，先松开齿圈的紧固螺钉，然后转动控制套筒，并带动柱塞相对于齿圈转动一个角度（即相对柱塞套），再将齿圈固定。

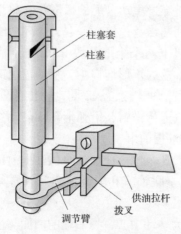

图2-5-17　拨叉式油量调节机构

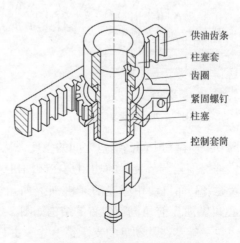

图2-5-18　齿条齿圈式油量调节机构

❸ 传动机构

传动机构由喷油泵凸轮轴和滚轮传动部件组成。滚轮传动部件（图2-5-19）的功用是将凸轮的旋转运动转变为自身的往复直线运动，推动柱塞上行供油。此外，滚轮传动部件还可以用来调整各分泵的供油提前角，为了保证供油提前角的正确性，滚轮传动部件的高度一般都是可调的。

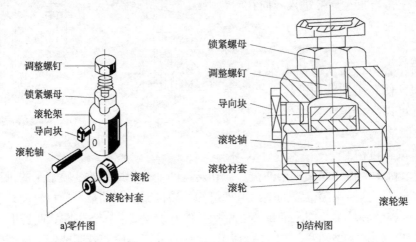

图2-5-19 滚轮传动部件结构

❹ 供油提前角调节装置

供油提前角是指喷油泵开始泵油至活塞到达上止点之间的曲轴转角，这个角度应随柴油机转速的变化而变化。多数柴油发动机都根据常用工况确定一个最佳供油提前角，这个最佳供油提前角是通过联轴节的结构来保证的；当柴油机转速发生变化时，再通过供油提前角调节装置来改变发动机曲轴和喷油泵凸轮轴之间的相位角，从而得到最佳供油提前角。

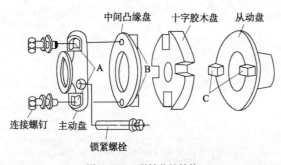

图2-5-20 联轴节的结构

联轴节（图2-5-20）又称连接器，它是用来连接喷油泵凸轮轴与其驱动轴。锁紧螺栓将主动盘固定在驱动轴上，两个连接螺钉穿过主动盘上的弧形孔 A 将主动盘和中间凸缘盘连接在一起，中间凸缘盘和从动盘上两个矩形凸块 B、C 分别插入十字胶木盘的矩形切口中，从动盘用键和喷油泵凸轮轴连接，从而将动力传到凸轮轴。若旋松连接螺钉，沿弧形孔 A 转动主动盘即可调节主动盘和中间凸缘盘之间的角度，从而调节供油提前角。

供油提前角调节装置的功用是在柴油机整个工作转速范围内使喷油泵供油提前角随柴油机转速升高而自动相应提前。供油提前角调节器位于联轴节和喷油泵之间，常见的机械离心式供油提前角调节装置的结构如图 2-5-21 所示。

飞块一端套在从动盘的支承销 B 上，并以支承销为转动中心，另一端的曲面与主动盘上的支承销 A 相接触。当柴油机转速增大时，作用在飞块上的离心力增大，飞块位置发生变化导致主动盘与从动盘,即柴油机曲轴和喷油泵凸轮轴之间的相对角度变大,从而使供油提前角变大。

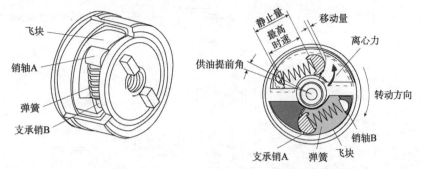

图2-5-21 机械离心式供油提前角调节装置

❸ 转子分配式喷油泵

❶结构特点

除了直列式柱塞泵以外,在轻型汽车的柴油机上,较多地应用转子分配式喷油泵。这种泵不仅往复泵油,同时又连续旋转配油,并配有适当的调速器对供油时间、油量和供油过程进行控制。下面以 VE 型转子分配泵为例简述其结构与工作特点,VE 型转子分配泵是一种轴向压缩式单柱塞泵,结构如图 2-5-22 所示,结构示意图如图 2-5-23 所示。VE 型转子分配泵的左端为传动轴及滑片式输油泵(二级输油泵),中间有传动齿轮、滚轮及滚轮座、平面凸轮等组成,右端有控制套筒、柱塞、电磁阀等。泵的上部为调速器,下部为供油提前角调节器。

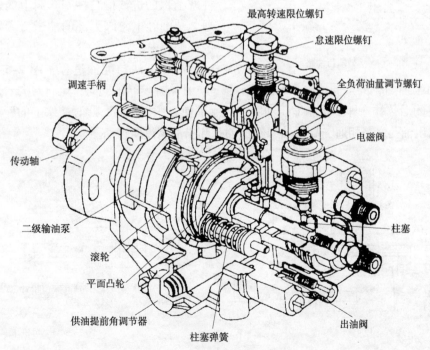

图2-5-22 VE型转子分配泵结构图

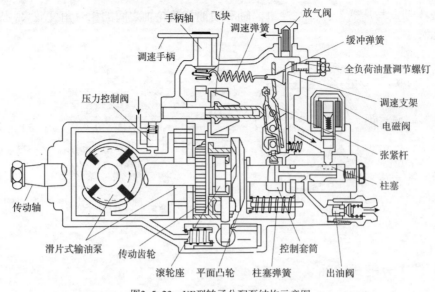

图2-5-23 VE型转子分配泵结构示意图

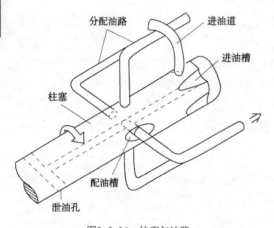

图2-5-24 柱塞与油路

VE型转子分配泵由一个泵油元件向多个汽缸供油，柱塞的外形与作用如图2-5-24所示。

❷ VE型转子分配泵的工作过程

（1）进油过程（图2-5-25）。滚轮由平面凸轮的凸起部分移到最低位置时，柱塞弹簧由右向左推移，在柱塞接近终点位置时，柱塞上部的进油槽与柱塞套筒上的进油孔相通，柴油经电磁阀下部的油道流入柱塞右端的压油腔内。

（2）压油与配油过程（图2-5-26）。随着滚轮由平面凸轮的最低处向凸起的部分移动，柱塞在旋转的同时，也自左向右运动。当进油孔关闭后，柱塞即开始压缩压油腔内的燃油使之压力升高，此时柱塞上的配油孔与柱塞套上的出油孔之一相通，高压油即经出油孔和出油阀流向喷油器。

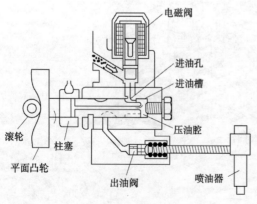

图2-5-25 进油过程

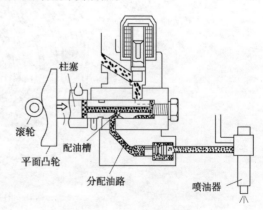

图2-5-26 压油与配油过程

（3）供油结束（图2-5-27）。柱塞在平面凸轮的推动下继续右移，柱塞左端的泄油孔与分配泵内腔相通时，高压油立即经泄油孔流入泵内腔中，柴油压力立即下降，供油停止。从柱塞上的配油槽与出油孔相通起，至泄油孔与分配泵内腔相通止，为有效供油过程。

（4）压力平衡过程（图2-5-28）。供油结束后，柱塞继续旋转，当柱塞上的压力平衡槽与分配油路相通时，分配油路中的柴油与分配泵内腔油压相同，这样可以保证各缸供油的均匀性。

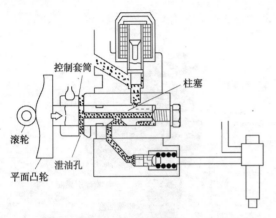 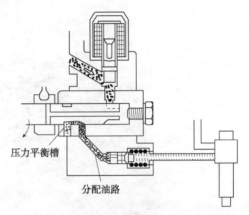

图2-5-27 供油结束　　　　　　　　图2-5-28 压力平衡过程

❸ 电磁式停油装置

VE型转子分配泵采用电磁阀控制停油。电磁阀装在柱塞套筒进油孔的上方，如图2-5-29所示。柴油机起动时，电磁阀的线路接通，从蓄电池来的电流经过电磁线圈，可以上下活动的阀门被电磁线圈吸起，并压缩弹簧，使进油道开启。当需要柴油机停车时，只需切断电源，电磁线圈内磁力消失，阀门在弹簧力的作用下下落，将进油道关闭，进油停止，柴油机即停止工作。

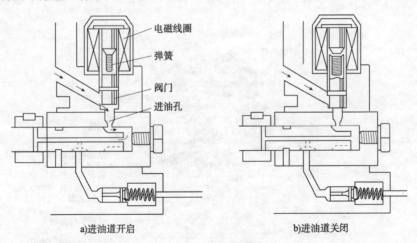

图2-5-29 电磁阀停油装置

❹ 泵喷嘴

❶ 结构特点

泵喷嘴的结构和安装位置如图2-5-30所示，喷射凸轮安装在控制气门打开和关闭的凸轮轴上,其上升段为陡峭的直线(有利于快速提高喷油压力),而下降段较平缓(有利于在喷油结束以后向高压油腔缓慢进油,避免在燃油中产生气泡)。泵喷嘴电磁阀位于泵喷嘴的中部,由柴油机电子控制系统控制。泵喷嘴电磁阀针阀用于接通和切断高压油腔与低压油道之间的通道。收缩活塞的上部为圆台,实际上是两个阀门,圆台的锥面用来开启和关闭高压油腔与收缩活腔之间的通道,而圆台的底面则用来开启和关闭收缩活塞腔与针阀复位弹簧腔之间的通道。

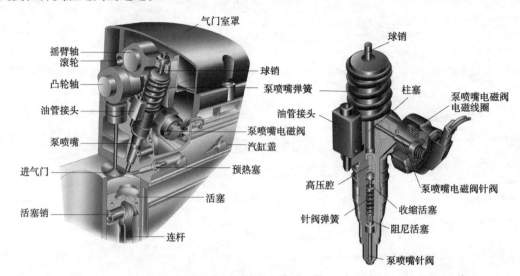

图2-5-30　泵喷嘴的结构和安装位置

❷ 泵喷嘴的工作过程

泵喷嘴(图2-5-31)的喷油过程可分为预喷油和主喷油两个阶段,也可以分为预喷油、预喷油结束、主喷油、主喷油结束以及高压油腔进油5个过程。喷油时间和喷油量由收缩活塞、喷油针阀、针阀复位弹簧、阻尼活塞与泵喷嘴电磁阀共同控制。

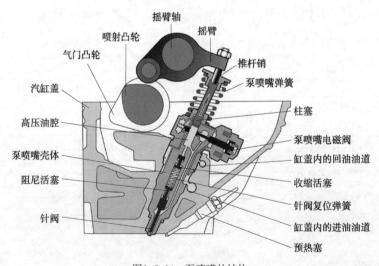

图2-5-31　泵喷嘴的结构

(1)预喷油(图2-5-32)。当凸轮的直线段与摇臂接触时,电子控制系统向泵喷嘴电磁阀供电,使泵喷嘴电磁阀针阀向左移动,切断高压油腔与低压油道之间的通道,与此同时，柱塞在摇臂的作用下，克服泵喷嘴弹簧的弹力而向下运动，使高压油腔中的油压迅速上升。当油压上升到18MPa时，燃油在喷油针阀中部锥面上产生的向上推力大于针阀复位弹簧的弹力，顶起喷油针阀，开始预喷油。

（2）预喷油结束（图2-5-33）。预喷油开始后，针阀继续向上运动，当凸轮转过喷油行程的1/3时，针阀的阻尼活塞下端进入阻尼器孔内，针阀顶部的燃油就只能通过细小的缝隙流向针阀复位弹簧腔内。这样，在针阀的顶部形成了一个所谓的"液压垫圈"，阻止针阀继续向上运动，使燃油的预喷量受到限制。随着柱塞的继续向下运动，高压油腔里的油压继续上升，当油压达到规定值时，收缩活塞在高压燃油的作用下向下运动后，高压油腔的体积突然增大，燃油压力瞬间下降。此时，针阀中部锥面上的向上推力随之下降，针阀在针阀复位弹簧的作用（由于受收缩活塞的压缩而弹力增大）下复位，预喷油结束。

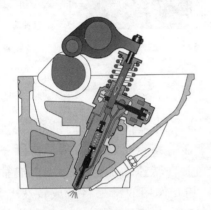
图2-5-32　预喷油开始

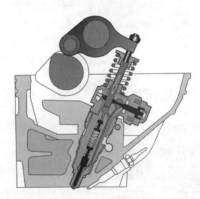
图2-5-33　预喷油结束

（3）主喷油（图2-5-34）。预喷油结束后，柱塞继续向下运动，导致高压油腔内的油压迅速上升。当油压上升到大于预喷油的油压（30MPa）时，针阀上移，主喷油开始。由于高压油腔内燃油油压上升的速度极快，所以高压油腔内的油压继续上升，直到205MPa左右。

（4）主喷油结束（图2-5-35）。当电子控制系统停止向泵喷嘴电磁阀供电时，泵喷嘴电磁阀针阀在泵喷嘴电磁阀复位弹簧的作用下向右移动，接通高压油腔与低压油道。这时，高压油腔内的燃油经泵喷嘴电磁阀流向低压油道，高压油腔里的燃油压力下降，针阀在针阀复位弹簧的作用下复位，收缩活塞则在针阀复位弹簧的作用下关闭高压油腔与针阀复位弹簧腔之间的油道，主喷油结束。

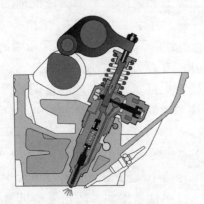
图2-5-34　主喷油开始

图2-5-35　主喷油结束

（5）高压油腔进油（图2-5-36）。当凸轮的下降段与摇臂接触时，柱塞在泵喷嘴弹簧的作用下向上运动，高压油腔因体积增大而产生真空。这时，低压油道（与进油管相连接）内的燃油经泵喷嘴电磁阀流向高压油腔，直到充满高压油腔为止，从而为下一次喷油做好准备。

图2-5-36　高压油腔进油

4 调速器

调速器的作用是根据柴油机负荷的变化，自动地调节喷油泵的供油量，以保证柴油机在各种工况下稳定运转。喷油泵的一个显著特点是在加速踏板位置一定时，其循环供油量会随曲轴转速的变化而变化。当曲轴转速增加时，循环供油量增加，使曲轴转速进一步增加，循环供油量再增加，相互作用的结果将造成转速上升过快而出现超速现象（这种现象被称为"飞车"）。这不仅会造成燃烧恶化和排气冒烟，严重时会因运动件的惯性力过大而造成机器损坏。当曲轴转速降低时，循环供油量减少，这样当柴油机在怠速工况下工作时，发动机易熄火。为避免飞车和怠速熄火现象的发生，车用柴油机一般都装有调速器，它可根据负荷的变化自动调节供油量，以达到稳定怠速、限制超速或保证发动机在工作转速范围内的任一选定的转速下稳定工作的目的。

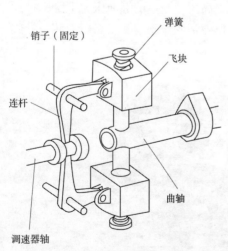

图2-5-37　调速器结构示意图

目前，在车用柴油机上应用最广泛的是机械离心式调速器，其结构示意图如图2-5-37所示，工作原理如图2-5-38所示。

（1）踩下加速踏板，滑动杆推动油量调节齿条，使柱塞逆时针转动，供油量增加。

（2）继续踩下加速踏板，供油量增加使发动机转速上升，离心力使飞块向外张开，通过调速器轴使滑动杆向后运动，带动油量调节齿条向后运动，使柱塞顺时针转动，供油量减少，防止发动机飞车。

（3）怠速转动时喷射量少。

（4）转速下降时飞块的离心力减少，飞块向内收缩，使供油量增加，防止发动机熄火。

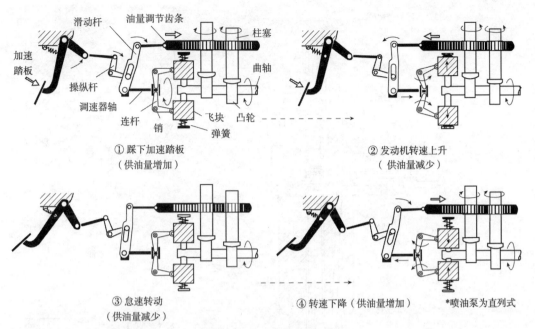

图2-5-38 调速器工作原理

5 喷油器

喷油器的功用有两个：一是使一定数量的燃油得到良好的雾化，促进燃油着火和燃烧；二是使燃油的喷射按燃烧室类型合理分布，使燃油与空气得到迅速而完善的混合，形成均匀的可燃混合气。喷油器常见的形式有两种：孔式喷油器和轴针式喷油器。

1 孔式喷油器

孔式喷油器主要用于统一式燃烧室中，燃油的喷射状况主要由针阀体下部喷孔的大小、方向和数目来控制，并与燃烧室的形状、大小及空气涡流情况相适应。喷孔数目一般为1～8个，喷孔直径为0.2～0.8mm。

孔式喷油器的结构如图2-5-39所示，主要由针阀、针阀体、顶杆、调压弹簧及喷油器体等零部件组成。针阀中部的锥面位于针阀体的环形油腔内以承受油压，称为承压锥面；针阀下端的锥面与针阀体上相应的内锥面配合，起密封作用，称为密封锥面。调压弹簧通过顶杆，将针阀的密封锥面压紧在针阀体的内锥面上，使喷孔关闭。

柴油机工作时，喷油泵供给的柴油经进油管接头、油道进入针阀体下部的环形油腔内。当油压升高到作用在针阀承压锥面上的轴向力大于调压弹簧的预紧力时，针阀开始向上移动，喷油器喷孔被打开，高压柴油通过喷孔喷入燃烧室，如图2-5-40a）所示。当喷油泵停止供油时，油压突然下降，针阀在调压弹簧的作用下及时复位，将喷孔关闭，如图图2-5-40b）所示。喷油器的喷油压力与调压弹簧的预紧力有关，预紧力越大，喷油压力越高。调压弹簧的预紧力可通过调压螺钉来调整。喷油器工作时，会有少量柴油从针阀和针阀体的配合表面之间的间隙漏出，这部分柴油对针阀起密封作用，并沿顶杆周围的空隙上升，最后通过回油管螺栓进入回油管，流回柴油箱。

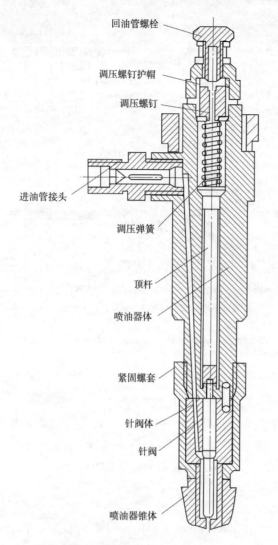
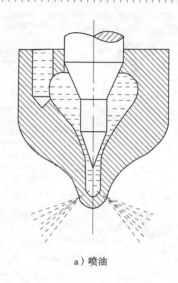

图2-5-39 孔式喷油器的结构

图2-5-40 孔式喷油器工作原理

❷ 轴针式喷油器

轴针式喷油器如图2-5-41所示，与孔式喷油器相比不同之处就是针阀下端的密封锥面以下还延伸出一个倒锥形或圆柱形的轴针，轴针伸出喷孔外，使喷孔成为圆环状的狭缝。这样，喷油时喷雾将呈空心的锥状或柱状。

如图2-5-42所示，轴针式喷油器与孔式喷油器的工作原理基本相同。轴针式喷油器一般只有一个喷孔（孔径为1~3mm），喷孔与轴针之间有微小的间隙（0.02~0.06mm）。当轴针刚升起时，由于轴针仍在喷孔中，喷出油量较少，直到轴针完全离开喷孔时，喷油量才达到最大；当喷油快结束时，情况正好相反。这样在备燃期内喷入燃烧室的油量较少，从而使发动机工作比较平稳。圆锥形轴针的喷油器在开始喷油时的喷油量比圆柱形轴针的喷油量更少，同时，不同角度的轴针还可以改变喷雾锥角的大小，以满足与燃烧室相配合的要求。因此，它适用于对喷雾质量要求不高的涡流室式燃烧室和预燃室式燃烧室。

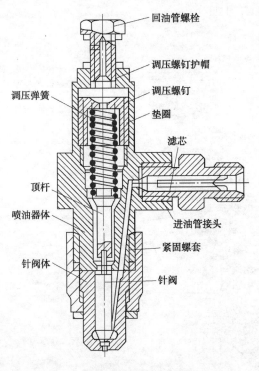

图2-5-41 轴针式喷油器的结构

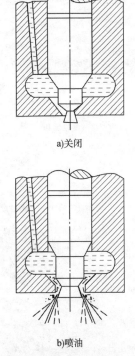

图2-5-42 轴针式喷油器工作原理

项目二 柴油机燃料供给系统的拆装

本项目以宝来乘用车柴油机电控燃油喷射系统为例进行说明。

宝来乘用车柴油机电控燃油喷射系统的电控元件位置如图 2-5-43 所示，电控系统原理框图如图 2-5-44 所示。喷油泵采用泵喷嘴结构。

一、泵喷嘴的拆装

泵喷嘴分解图如图 2-5-45 所示。

1. 泵喷嘴的拆卸

（1）拆卸齿形带护罩上体和汽缸盖罩。转动曲轴，直至待拆卸泵喷嘴的凸轮朝上。

（2）如图 2-5-46 所示，松开调整螺钉的锁紧螺母，将调整螺钉拧出，直至相应摇臂顶住泵喷嘴的柱塞弹簧。用专用工具 3410 由外向内拆卸摇臂紧固螺栓，拆下摇臂轴。用专用工具T10054拆下张紧块紧固螺栓，拆下张紧块。

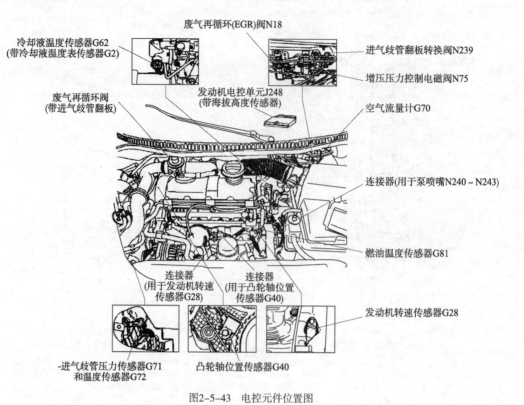

图2-5-43 电控元件位置图

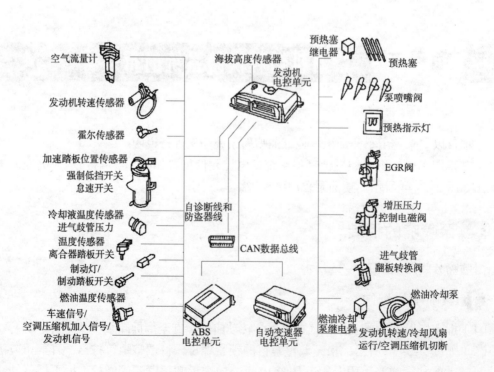

图2-5-44 宝来柴油机电控系统原理框图

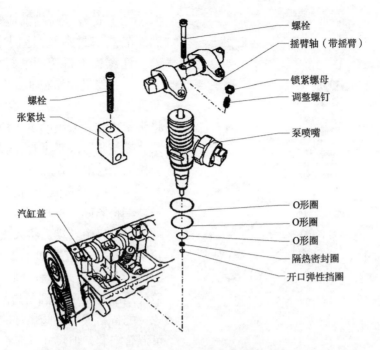

图2-5-45 泵喷嘴分解图

（3）用螺丝刀撬开泵喷嘴连接器，如图 2-5-47 箭头所示，用手指轻轻压住连接器的另一侧，以免其倾斜。

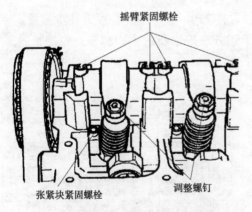

图2-5-46 泵喷嘴的拆卸（1）

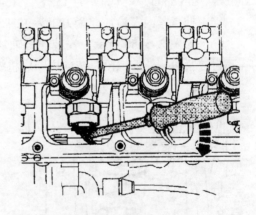

图2-5-47 泵喷嘴的拆卸（2）

（4）如图 2-5-48 所示，在原安装张紧块的泵喷嘴一侧的槽内装上拉拔器 T10055，轻轻敲打，将泵喷嘴从缸盖上拉出。

❷ 泵喷嘴的安装

注意：若安装新的泵喷嘴，则同时应更换相应摇臂的调整螺钉。每次调整泵喷嘴后，应清洁摇臂调整螺钉和球销，并检查是否磨损，若磨损明显，则应更换调整螺钉和球销。用 G000 100 润滑球销和调整螺钉的接触表面。

（1）若仍用原泵喷嘴，则应更换隔热密封圈和 O 形圈。

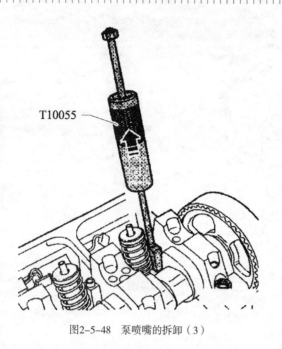

图2-5-48 泵喷嘴的拆卸（3）

（2）安装泵喷嘴前应检查3个O形圈、隔热密封圈及紧固卡箍是否安装正确。注意：不得扭曲油封。

（3）将机油涂在油封上后，将泵喷嘴装到缸盖上。将泵喷嘴均匀推进汽缸盖。将张紧块装入泵喷嘴侧的槽内。注意：若泵喷嘴与张紧块不垂直，则紧固螺栓可能会松动，可能会损坏泵喷嘴或缸盖。

（4）按下述方法校正泵喷嘴。

①将紧固螺栓拧到张紧块内，直至泵喷嘴仍可自由转动。将泵喷嘴校正至与凸轮轴轴承盖垂直。如图2-5-49所示，用游标卡尺（最小量程400mm）检查汽缸盖外边缘与泵喷嘴圆角边间的尺寸a。注意：配备新式电磁阀螺母的泵喷嘴，新旧可混合安装，但尺寸a应符合标准。

②对于配备旧式电磁阀螺母的泵喷嘴，1缸的a为331.4～333mm，2缸的a为243.4～245mm，3缸的a为152～153.6mm，4缸的a为64～65.6mm。

③对于配备新式电磁阀螺母的泵喷嘴，1缸的a为332.2～333.8mm，2缸的a为244.2～245.8mm，3缸的a为152.8～154.4mm，4缸的a为64.8～66.4mm。

（5）拧紧紧固螺栓，拧紧力矩为12N·m，再转270°（3/4圈），可分几步拧紧。

（6）如图2-5-50所示，安装摇臂轴，按下述方法拧紧新的紧固螺栓：先拧紧内部螺栓，再拧紧两侧外部螺栓。按同样顺序将螺栓拧到20N·m，再转90°（1/4圈）。

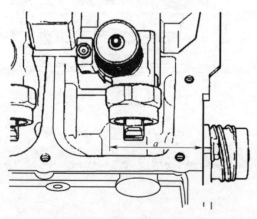

图2-5-49 泵喷嘴的安装（1）

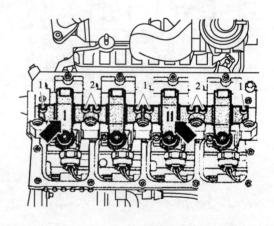

图2-5-50 泵喷嘴的安装（2）

（7）如图2-5-51所示，将千分表装在泵喷嘴调整螺钉上。按发动机旋转方向转动曲轴，直到摇臂滚轮位于凸轮最高点。图2-5-51中的箭头A（滚轮侧）处于最高点，图2-5-51中的箭头B（千分表侧）处于最低点。

（8）拆下千分表，向摇臂内拧调整螺钉，直到感觉紧为止。

（9）如图2-5-52所示，将调整螺钉拧回225°，并保持在该位置，用30N·m的力矩拧紧螺母。连接泵喷嘴连接器，安装汽缸盖罩和齿形带护罩。

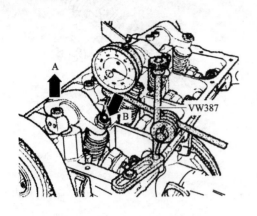

图2-5-51 泵喷嘴的安装（3）

图2-5-52 泵喷嘴的安装（4）

二 泵喷嘴O形圈的拆装

1. 泵喷嘴O形圈的拆卸

（1）拆下泵喷嘴。
（2）小心撬下泵喷嘴上的旧O形圈，O形圈的支承面应无毛刺。

2. 泵喷嘴O形圈的安装

注意：必须用装配衬套安装O形圈，若不使用衬套，则会损坏O形圈。为防止安装时O形圈滚动，O形圈在装配到泵喷嘴上时不得扭曲。现已逐渐采用无颜色标记的O形圈，为确保O形圈正确落座在槽内，O形圈的厚度向泵喷嘴端逐渐减小。

（1）将隔热密封圈和紧固卡箍一起拉下，仔细清洁O形圈的支承面。

（2）如图2-5-53所示，将专用工具T10056/1套到泵喷嘴上，将上部O形圈套到专用工具T10056/1上，然后装到泵喷嘴上。拆下专用工具T10056/1。

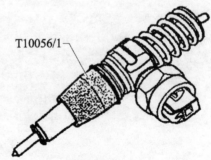

图2-5-53 泵喷嘴O形圈的安装（1）

（3）如图2-5-54所示，将专用工具T10056/2套到泵喷嘴上，将中间O形圈套到专用工具T10056/2上，然后装到泵喷嘴上。拆下专用工具T10056/2。

（4）如图2-5-55所示，将专用工具T10056/3套到泵喷嘴上，将下部O形圈套到专用工具T10056/3上，然后装到泵喷嘴上。拆下专用工具T10056/3，安装新的隔热密封圈和紧固卡箍。

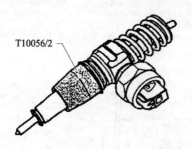

图2-5-54 泵喷嘴O形圈的安装（2）

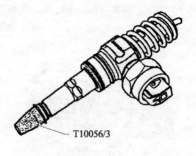

图2-5-55 泵喷嘴O形圈的安装（3）

（5）安装新的隔热密封圈和紧固卡箍。

三 燃油滤清器的拆装

燃油滤清器的结构如图2-5-56所示。

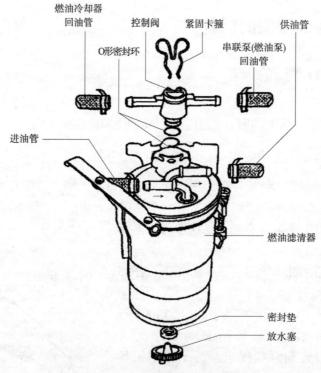

图2-5-56 燃油滤清器的结构

燃油滤清器的拆装注意事项：

（1）进油管接燃油箱，有白色标记；燃油冷却器回油管为蓝色标记；供油管接串联泵。

（2）控制阀安装位置：箭头应指向燃油箱。更换燃油滤清器时，应拆掉紧固卡箍，取下控制阀及油管。控制阀的作用是：当温度为15℃以下时，通向滤清器的通道打开；当温度达31℃以上时，通向滤清器的通道关闭。

（3）燃油滤清器安装前应加注柴油，用箭头标注流动方向，不得互换接头。

（4）放水时，先拆下紧固卡箍，取下控制阀及油管，松开放水塞。

四 串联泵拆装

燃油泵（图2-5-57）位于缸盖上紧挨在真空泵后面，其功能是将燃油由燃油箱中输送到泵喷嘴，两个泵都由凸轮轴驱动，因此叫串联泵。串联泵是间歇式叶片泵。为了检查供油管压力，油泵上有一个用于接压力表测试仪的接头。

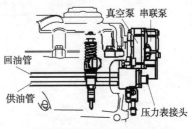

图2-5-57 串联泵安装位置

1 串联泵的拆卸

（1）如图2-5-58所示，从燃油滤清器上拔下进油管（白色标记）及回油管（蓝色标记）。

（2）将手动真空泵（V.A.G1390）和储液器（V.A.G1390/1）连接到回油管上，操作手动真空泵，直至回油管中无燃油流出。注意：不要使燃油吸入手动真空泵。

（3）如图2-5-59所示，将制动助力器真空软管从串联泵上拔下，从串联泵上拔下进油管（白色标记）。

（4）拆下紧固螺栓（如图2-5-59中的箭头所示），从缸盖上拆下串联泵，稍稍向上拉串联泵，拔下回油管（蓝色标记），拆下串联泵。

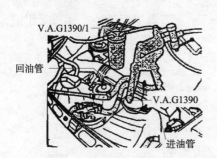

图2-5-58 串联泵的拆卸（1）

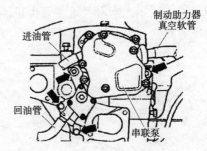

图2-5-59 串联泵的拆卸（2）

2 串联泵的安装

按与拆卸相反的顺序进行安装，安装时应注意下列事项：

（1）如图2-5-59所示，将回油管（蓝色标记）接到串联泵回油管接头上。装上串联泵，将上侧紧固螺栓拧到20N·m，将下侧紧固螺栓拧到10N·m。

（2）将进油管（白色标记）接到串联泵进油管接头上，将制动助力器真空软管接到串联泵上。

（3）如图2-5-58所示，将进油管（白色标记）接到燃油滤清器上。将V.A.G1390和V.A.G1390/1与燃油滤清器的回油管相连。

（4）操作手动真空泵，直至回油管中无燃油流出。将回油管（蓝色标记）与燃油滤清器相连。

单元6 润滑系统

项目一 润滑系统的结构和工作原理

一、润滑系统的功用及组成

当发动机工作时,各运动部件都必须用发动机润滑油(也称为机油)来润滑。润滑系统的功用就是将机油输送到发动机各个需要润滑的部位,以达到提高发动机工作可靠性和耐久性的目的。

如图 2-6-1 所示,润滑系统主要由机油泵、机油滤清器、集滤器、油道等组成,另外包括机油压力开关、机油指示灯(在仪表板上)、机油冷却器等。

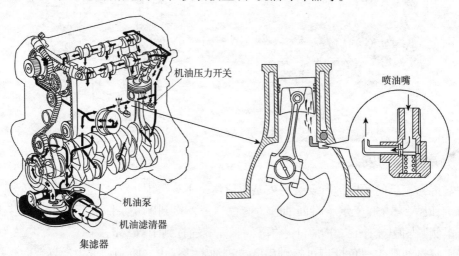

图2-6-1 润滑系统的组成

图 2-6-2 和图 2-6-3 所示分别为润滑系统示意图和方框图。机油泵由发动机驱动,将油底壳内的机油经集滤器、机油冷却器、机油滤清器输送到各润滑部位,润滑结束后的机油流回到油底壳中。经过汽缸体、汽缸盖上的油道,输送到曲轴轴颈、连杆轴颈、凸轮轴轴颈的机油,使轴浮在轴承(轴瓦)上旋转。旋转的曲轴曲柄飞溅起来的机油,在汽缸壁等金属表面形成油膜,使摩擦减小。

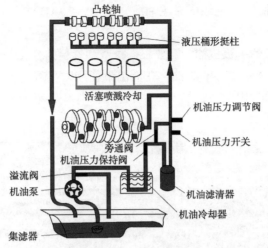

图2-6-2 润滑系统示意图

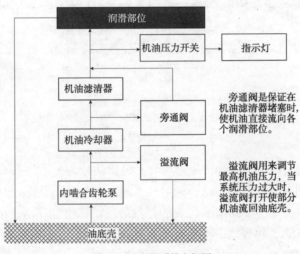

图2-6-3 润滑系统方框图

二、机油

1. 机油的功用

机油除了最基本的润滑作用外，还具有冷却、清洗、缓冲、密封和防锈等功能。

2. 机油的分类

国际上广泛采用SAE（美国汽车工程师协会）黏度等级分类法和API（美国石油协会）使用性能分类法对机油进行分类。

SAE按照不同的黏度等级，将机油分为冬季用机油和非冬季用机油两类。冬季用机油有6种牌号：SAE 0W、SAE 5W、SAE 10W、SAE 15W、SAE 20W和SAE 25W，符号W代表冬季，W前的数字越小，其低温黏度越小，低温流动性越好，适用的最低气温越低；

非冬季用机油有4种牌号：SAE 20、SAE 30、SAE 40和SAE 50，数字越大，其黏度越大，适用的最高气温越高。

如果使用上述牌号的单级机油，需要根据季节和气温的变化经常更换机油。目前普遍使用多级机油，例如SAE 5W-30机油，在低温下使用时黏度与SAE 5W一样，在高温下使用时黏度又与SAE 30相同，因此可以冬夏通用。可根据车辆所在地气温选择适当黏度的机油，如图2-6-4所示。

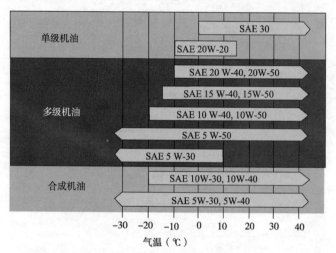

- 号数越大，机油的黏度越高，适用于较高的气温。
- 合成机油可以减小发动机运动部件的摩擦，因此能够节省燃油。

图2-6-4 根据气温选择机油

API根据机油的性能及其适合使用的场合，将机油分为S系列和C系列两类。

S系列为汽油机机油，共有SA、SB、SC、SD、SE、SF、SG、SH、SJ、SL、SM、SN这12种等级，以SN等级为最新。S代表的是汽油发动机机油，后面的英文字母为其等级区别。从SA一直到SN，每递增一个字母，机油的性能都会优于前一种，机油中会有更多用来保护发动机的添加剂。字母越靠后，质量等级越高。

C系列为柴油机机油，共有CA、CB、CC、CD、CD-2、CE、CF、CF-2、CF-4、CG-4、CH-4、CI-4、CJ-4这13种等级。C所指的则是柴油发动机机油，后面的字母顺序越后面所代表的等级越高。

GB/T 28772—2012《内燃机油分类》是参考API、SAE编制的，淘汰了早期生产的机油，目前我国汽油发动机机油的品种有：SE、SF、SG、SH（GF-1）、SJ（GF-2）、SL（GF-3）、SM（GF-4）和SN（GF-5），GF系列与同级别的API等级相比，增加了对燃料经济性的要求。柴油发动机机油的品种有：CC、CD、CF、CF-2、CF-4、CG-4、CH-4、CI-4和CJ-4。

3 机油的更换周期

机油在使用过程中，由于高温氧化及燃烧物混入等原因影响，将劣化变质，润滑性能下降。因此，机油应适时更换，机油滤清器也同时更换。

机油更换周期，因车型和行驶环境而不同（表2-6-1）。如果汽车经常频繁起步、短距离行驶或在多尘地区使用，机油的更换周期应相应缩短。

常见发动机的机油更换周期　　　　　　表 2-6-1

发动机型号	机油更换周期	
	行驶里程（km）	行驶时间（月）
卡罗拉（1.6L）乘用车发动机	5000	6
科鲁兹（1.6L）乘用车发动机	10000	6
桑塔纳2000GSi乘用车发动机	7500	年行驶里程不到7500km，至少更换一次机油

注：行驶里程和月数，以先达到者为准。

4 环保和安全注意事项

❶ 环境保护

（1）机油会对水形成污染，不允许排入地表水域和下水道，作业只能在防渗的地面上进行。
（2）机油是易燃品，存放和作业必须远离火源。
（3）废弃的机油要单独盛装，并妥善保管和回收利用。
（4）沾上机油的抹布或物品，不得作为生活垃圾处理。

❷ 安全措施

（1）机油对人皮肤有损害，作业时应戴上防护手套和防护服。
（2）沾上机油的衣服或鞋子，必须立即更换。
（3）皮肤上接触到机油，立即用水和肥皂清洗，勿用汽油或溶剂作为清洁品。
（4）眼睛接触到机油，用水认真冲洗，然后尽快去医院治疗。

三 润滑系统主要部件的构造

1 机油泵

机油泵一般安装在汽缸体的下部，由发动机曲轴直接驱动，将机油输送到发动机各运动部件接触面。机油泵常见的结构形式有 3 种。

（1）外啮合齿轮式机油泵。如图 2-6-5 所示，两个互相啮合的齿轮高速旋转，在进油口处，由于两个轮齿逐渐脱离啮合而使进油腔容积增大，腔内产生一定的真空，机油经进油口被吸入进油腔，随后被轮齿带到出油腔。轮齿逐渐进入啮合而使出油腔的容积减小，使机油压力升高，机油经出油口被压入发动机内的润滑油道中。外啮合齿轮式机油泵由于驱动阻力最小，因此工作效率也较高。

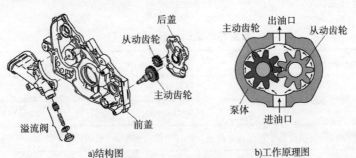

图2-6-5　外啮合齿轮式机油泵

（2）内啮合齿轮式机油泵。如图2-6-6所示，内齿轮套在曲轴前端，为主动齿轮，机油通过月牙形隔板左、右的间隙进行输送。由于这种机油泵内、外齿轮之间有多余空间，因此工作效率较低。

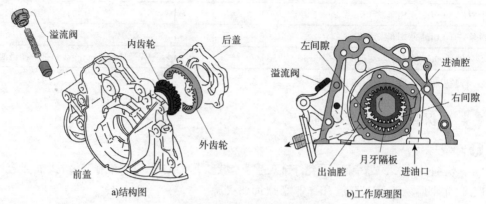

图2-6-6　内啮合齿轮式机油泵

（3）转子式机油泵。如图2-6-7所示，内转子为主动转子，内、外转子之间有一定的偏心距。内转子的凸齿比外转子的凹齿少1个，使得两转子之间存在转速差，旋转时两转子之间的工作腔容积不断变化，容积变大时吸油，变小时压油。这种机油泵供油压力高、噪声比较小。卡罗拉（1.6L）乘用车发动机和桑塔纳2000GSi型乘用车AJR发动机的机油泵均采用转子式。

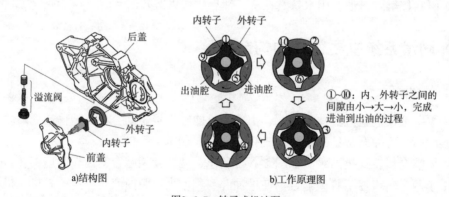

图2-6-7　转子式机油泵

溢流阀（也称为安全阀或限压阀）安装在机油泵壳体上，控制润滑系统的最高油压，当油压达到规定值时，溢流阀自动开启使多余的机油流回油底壳。表2-6-2为常见发动机润滑系统的油压。

常见发动机润滑系统的油压　　　　表2-6-2

发动机型号	条件	油压（kPa）
卡罗拉（1.6L）乘用车发动机	怠速	25
	转速3000r/min	150～550
科鲁兹（1.6L）乘用车发动机	怠速，冷却液温度80℃	130
桑塔纳2000GSi乘用车发动机	转速2000r/min，机油温度80℃	200

2 机油集滤器

机油集滤器装在机油泵之前的吸油口端，多采用滤网式，防止粒度大的杂质进入机油泵。汽车发动机使用的集滤器有浮式集滤器和固定式集滤器两种。

（1）浮式集滤器。浮式集滤器（图2-6-8）工作时漂浮于机油油面上，以保证机油泵总是吸入最上层较清洁的机油，但油面上的泡沫易被吸入，造成机油压力降低，润滑可靠性差。

当机油泵工作时，机油从罩的边缘被吸入，经过滤网滤除较大的杂质后进入机油泵。如果滤网堵塞时，滤网上部产生真空，从而克服滤网弹性将滤网吸起，滤网中心处的环口离开罩，润滑油便不经过滤网而从环口直接被吸入机油泵，保证润滑不致中断。

（2）固定式集滤器。固定式集滤器（图2-6-9）装在机油油面下面，吸入的机油清洁度比浮式集滤器稍差，但可防止泡沫吸入，润滑可靠，结构简单，使用广泛。

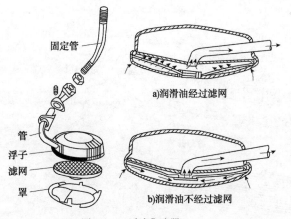

图2-6-8 浮式集滤器

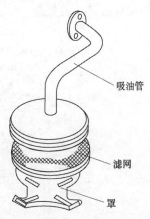

图2-6-9 固定式集滤器

3 机油滤清器

机油滤清器的作用是滤除掉机油中的金属粉末、机油氧化物和燃烧物。为了防止滤清器堵塞失效，必须定期进行更换，一般在更换机油的同时也更换机油滤清器。

如图2-6-10所示，当滤清器没有及时更换或其他原因造成滤芯堵塞时，油压升高使旁通阀开启，机油将不通过滤芯直接进入汽缸体油道。

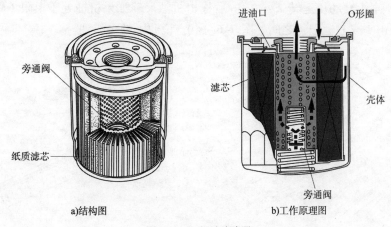

图2-6-10 机油滤清器

4 机油散热器

在高性能大功率的强化发动机上，由于热负荷大，必须装设机油散热器，以对润滑油进行强制冷却。机油散热器布置在润滑油路中，有风冷式和水冷式两种形式。

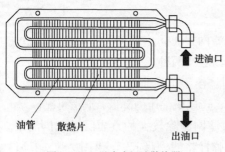

图2-6-11 风冷式机油散热器

（1）风冷式机油散热器。风冷式机油散热器（图2-6-11）一般安装在发动机冷却系统散热器前面，利用冷却风扇的风力使机油冷却。

（2）水冷式机油散热器。水冷式机油散热器也被称为机油冷却器（图2-6-12）装在发动机冷却水路中，当机油温度较高时，靠冷却液降温；而起动暖车期间油温较低时，则从冷却液吸热迅速提高机油温度。

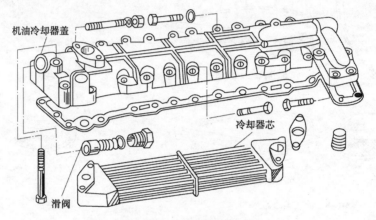

图2-6-12 水冷式机油散热器

5 机油尺

油底壳内保持一定量的机油，是润滑系统正常工作的前提，因此要经常检查机油的液面高度。机油的液面是通过观察拔出的机油尺来检查的，如图2-6-13所示。

将汽车停放在平坦的地面上，起动发动机预热3～5min（冷却液温度达到60～70℃），停止发动机运转2～3min后拔出机油尺，如果机油处于上限（MAX 或 F 标记）、下限（MIN 或 L 标记）之间（图2-6-14），说明不缺少机油。

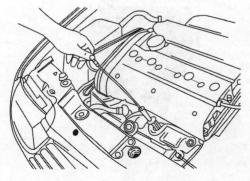

图2-6-13 机油尺的位置

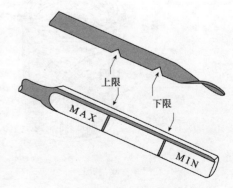

图2-6-14 检查机油液面高度

四 曲轴箱强制通风系统

发动机工作时，高压的可燃混合气或废气会窜入曲轴箱内，使润滑油中形成泡沫，破坏润滑油的供给，也可能导致润滑油变质、机油泄漏等不良后果。

曲轴箱强制通风就是利用发动机进气管道的真空作用，使窜入曲轴箱内气体被吸入汽缸。曲轴箱强制通风系统如图2-6-15所示。发动机工作时，在进气管内真空度作用下，窜入曲轴箱内的气体经钢丝网、曲轴箱通气软管和PCV阀被吸入到进气歧管并进入汽缸燃烧。新鲜空气经滤网和空气软管进入到曲轴箱内，形成不断的对流。在曲轴箱通气软管上装有止回阀（PCV阀）是为了防止在发动机低速小负荷时进气管的真空度太大而将机油从曲轴箱内吸出。

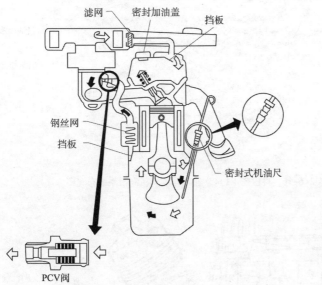

图2-6-15 曲轴箱强制通风系统

项目二 润滑系统的拆装

本节以科鲁兹（1.6L）乘用车发动机润滑系统为例进行说明。
科鲁兹（1.6L）乘用车发动机润滑系统布置图，如图2-6-16所示。

一 机油滤清器的拆装

1 机油滤清器的拆卸

（1）打开发动机舱盖。

（2）将一个接液盘置于下面。

（3）如图2-6-17所示，拆下机油滤清器盖。

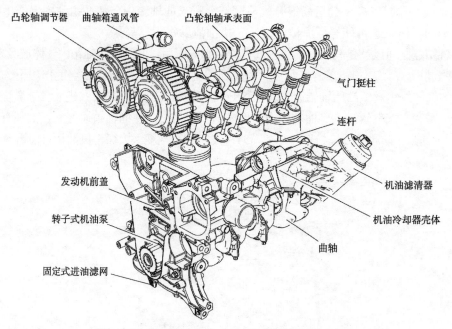

图2-6-16　科鲁兹（1.6L）乘用车发动机润滑系统布置图

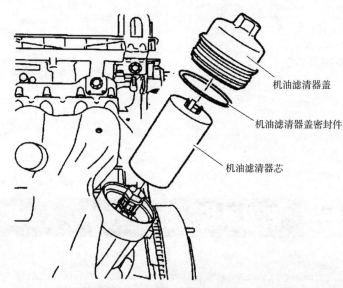

图2-6-17　机油滤清器的拆卸

（4）拆下机油滤清器盖密封件。注意：本发动机使用专用高性能机油滤清器。使用任何其他滤清器都可能导致滤清器失效和/或发动机严重损坏。

（5）拆下并正确报废机油滤清器芯。

（6）举升起车辆。

（7）拆下机油放油螺栓。

（8）将发动机机油排到接液盘中。

❷ 机油滤清器的安装

（1）清洁放油螺栓螺纹和油底壳放油螺栓孔的螺纹。

（2）将一个新的密封件安装到放油螺栓上。

（3）将放油螺栓安装到油底壳上并紧固至 14N·m。

注意：所有紧固件应遵守《紧固件告诫》。《紧固件告诫》内容为：请在正确的位置使用正确的紧固件；替换紧固件的零件号必须正确；除非另有说明，否则不得在紧固件或紧固件连接表面上使用油漆、润滑剂或防蚀剂，这些涂层会影响紧固件的扭矩和夹紧力并会损坏紧固件；安装紧固件时，务必使用正确的紧固顺序和紧固规格，以避免损坏零件和系统；使用直接装入塑料的紧固件时，务必小心不要剥去配套的塑料零件；只能使用手动工具，切勿使用任何冲击工具或电动工具；紧固件应该手动紧固，完全就位且不能脱落。

（4）降下车辆。

（5）安装新的机油滤清器滤芯（图 2-6-17）。注意：给密封圈涂上新发动机机油。

（6）安装新的机油滤清器盖密封件（图 2-6-17）。注意：过度拧紧机油滤清器盖可能导致机油滤清器盖受损，从而导致漏油。

（7）安装机油滤清器盖（图 2-6-17），并紧固至 25N·m。注意：使用任何非推荐黏度的发动机机油都可能造成发动机损坏，必须使用具有规定黏度等级的发动机机油。起动发动机并使其运转，直到机油压力控制指示灯熄灭。检查发动机机油油位。

（8）加注新发动机机油。发动机机油规格为 SAE 5W-30，更换机油（包括滤清器）容量为 4.5L。

（9）关闭发动机舱盖

（10）重新设置 GM 机油寿命系统。

二 油底壳的拆装

❶ 油底壳的拆卸

（1）将车辆举升至最大高度。

（2）将接液盘置于下面。

（3）拆下机油放油螺栓。

（4）收集发动机机油。

（5）安装新密封圈和放油螺栓，并紧固至 14N·m。注意：所有紧固件应遵守《紧固件告诫》。

（6）完全降下车辆。

（7）拆下机油尺套管。

①打开发动机舱盖。

②拆下机油尺。注意：如果发动机机油油位处于最高位置，在取出机油尺套管时，一些机油可能会溢出。

③将接液盘置于下面。

④如图 2-6-18 所示，拆下机油尺套管螺栓。

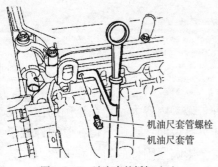

图2-6-18 油底壳的拆卸（1）

⑤拆下机油尺套管和机油尺密封件。

（8）将车辆举升至最大高度。

（9）如图2-6-19所示，拆下前舱防溅罩。

（10）如图2-6-20所示，拆下前排气管。

（11）如图2-6-21所示，将2个油底壳螺栓从油底壳和变速器上拆下。注意：用合适的工具沿着周边均匀地拆下油底壳。

（12）如图2-6-22所示，拆下15个油底壳螺栓，使用螺丝刀或其他合适的工具拆下油底壳。

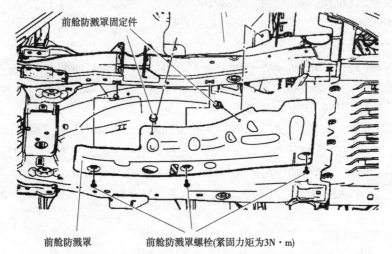

图2-6-19 油底壳的拆卸（2）

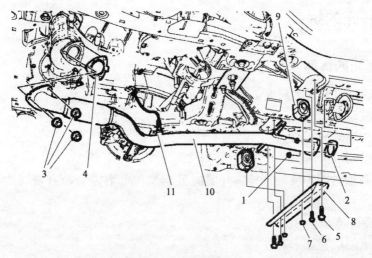

图2-6-20 油底壳的拆卸（3）

1-前排气管至排气消声器螺母（数量：2，拧紧力矩为17N·m）；2-前排气管至排气消声器衬垫；3-催化转换器至前排气管螺母（数量：3，拧紧力矩为22N·m）；4-催化转换器至前排气管衬垫；5-传动系统和前副车架支座螺栓M10（数量：2，拧紧力矩为60N·m+30°~45°）；6-排气管前吊架托架螺栓M8（数量：2，拧紧力矩为22N·m）；7-排气管前吊架隔振垫螺母（数量：2，拧紧力矩为17N·m）；8-排气管前吊架托架；9-排气消声器隔振垫（数量：2）；10-前排气管；11-加热氧传感器（拧紧力矩为42N·m）

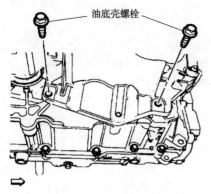

图2-6-21 油底壳的拆卸（4）

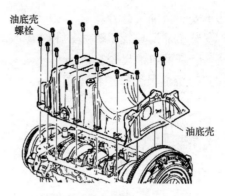

图2-6-22 油底壳的拆卸（5）

（13）如图2-6-23所示，为了防止损坏机油滤网，确保机油滤网留在油底壳中。若机油滤网触碰到汽缸体，将其推入油底壳中。

（14）拆下油底壳。

2 油底壳的安装

（1）清洁密封面。

（2）将约3.5mm厚的油底壳密封胶涂抹在连接处（如图2-6-24箭头所示）。注意：装配时间（包括拧紧力矩检查）不得超过10min。

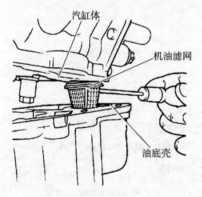

图2-6-23 油底壳的拆卸（6）

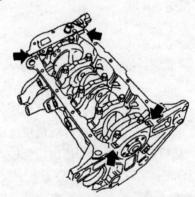

图2-6-24 油底壳的安装（1）

（3）如图2-6-25所示，涂上一层约3.5mm厚的油底壳密封胶。

（4）将15个油底壳螺栓安装到油底壳上（图2-6-22），并紧固至10N·m。注意：所有紧固件应遵守《紧固件告诫》。

（5）将2个油底壳螺栓安装到油底壳和变速器上（图2-6-21），并紧固至58N·m。注意：所有紧固件应遵守《紧固件告诫》。

（6）安装前排气管（图2-6-20）。注意：安装新螺栓，切勿重复使用旧螺栓。

（7）安装前舱防溅罩（图2-6-19）。

（8）完全降下车辆。

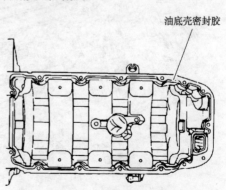

图2-6-25 油底壳的安装（2）

（9）安装机油尺套管。

①安装机油尺导管（图2-6-18）。

②安装新的机油尺套管衬垫。

③安装机油尺套管螺栓（图2-6-18），并紧固至15N·m。注意：所有紧固件应遵守《紧固件告诫》。

④安装机油尺。

⑤关闭发动机舱盖。

（10）加注收集的发动机机油。

三 带机油泵的发动机前盖的拆装

1 带机油泵的发动机前盖的拆卸

（1）打开发动机舱盖。

（2）断开蓄电池负极电缆。

（3）拆下排气歧管。

（4）排空冷却系统的冷却液。

（5）拆卸空调压缩机。

（6）拆下发电机。

（7）拆下正时带后盖。

（8）拆下油底壳。

（9）将散热器出口软管从水泵上拆下。

（10）如图2-6-26所示，拆下发动机机油冷却器进口管螺栓。

（11）将发动机机油冷却器进口管推入发动机机油冷却器壳体中。

（12）从水泵上拆下2个发动机机油冷却器出口管螺栓。

（13）将发动机机油冷却器出口管按入发动机机油冷却器壳体中。

（14）如图2-6-27所示，拆下8个发动机前盖螺栓。注意：不同的螺栓长度。

（15）拆下带机油泵的发动机前盖。

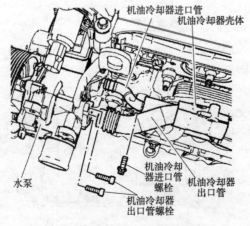

图2-6-26 带机油泵的发动机前盖的拆卸（1）

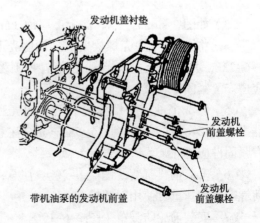

图2-6-27 带机油泵的发动机前盖的拆卸（2）

（16）拆下发动机盖衬垫。注意：不要损坏密封表面。

❷ 带机油泵的发动机前盖的安装

（1）清洁密封面。

（2）安装新的发动机盖衬垫（图2-6-27）。

（3）安装带机油泵的发动机前盖（图2-6-27）。

（4）安装8个发动机前盖螺栓（图2-6-27），并紧固至20N·m。注意：所有紧固件应遵守《紧固件告诫》。

（5）将发动机机油冷却器出口管安装到水泵上（图2-6-26）。

（6）安装发动机机油冷却器出口管螺栓（图2-6-26），并紧固至8N·m。注意：所有紧固件应遵守《紧固件告诫》。

（7）将发动机机油冷却器进口管安装到水泵上（图2-6-26）。

（8）安装发动机机油冷却器进口管螺栓（图2-6-26），并紧固至8N·m。注意：所有紧固件应遵守《紧固件告诫》。

（9）将散热器出口软管安装到水泵上。

（10）安装油底壳。

（11）安装正时带后盖。

（12）安装发电机。

（13）安装空调压缩机。

（14）安装排气歧管。

（15）连接蓄电池负极电缆。

（16）加注冷却液。

（17）关闭发动机舱盖。

单元7 冷 却 系 统

项目一 冷却系统的结构和工作原理

一 冷却系统功用和组成

发动机冷却系统的功用就是使工作中的发动机得到适度的冷却，从而保持发动机在最

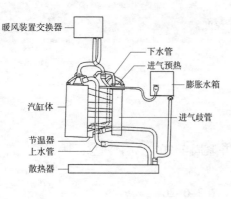

图2-7-1 发动机水冷却系统布置图示意图

适宜的温度范围内工作。另外,冷却系统还为暖风系统提供热源。

汽车多采用封闭式强制循环水冷却系统,即用水泵强制地使冷却水在冷却系统中进行循环流动,使发动机中高温零件的热量先传给冷却液,然后散发到大气中。

水冷却系统一般由水泵、散热器、节温器、冷却风扇、风扇控制机构、水套、膨胀水箱、温度指示器及报警灯等组成,如图2-7-1所示。

发动机工作时,水泵将冷却液压入发动机汽缸体水套,然后流入汽缸盖水套吸收机体的热量。此后冷却液分两路循环(图2-7-2),一路为大循环,即冷却液流经散热器冷却后,进入装在机体水泵进口处的节温器,流向水泵进水口;另一路为小循环,即冷却液直接进入节温器后的水泵进水口,不经散热器冷却。当冷却液的温度低于85℃时,进行小循环;当冷却液高于85℃时,部分冷却液进行大循环;当冷却液温度达到(102±3)℃时,流经散热器的冷却液全都参加大循环,而小循环是常开的,这样可使冷却系统的温度提高到一个较高的水平,改善发动机的热效率,同时可以确保冷却系统始终有冷却液在循环,保持发动机在最佳温度下工作。

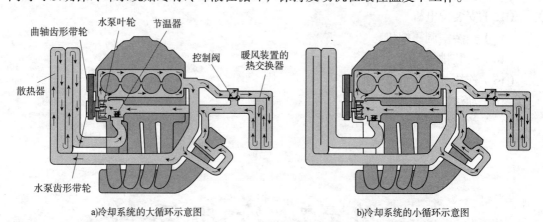

a)冷却系统的大循环示意图　　　　b)冷却系统的小循环示意图

图2-7-2 冷却系统的循环示意图

为了提高燃油雾化程度,利用冷却液的热量对进入进气歧管内的混合气进行预热,车上的暖风装置利用冷却液带出的热量来达到取暖目的。当需要取暖时,打开暖气控制阀,从汽缸体水套流出的部分冷却液可流入暖风热交换器供暖,随后流回水泵。

二、冷却液

冷却液是发动机冷却系统中最重要的工作介质,汽车常用的冷却液有水及加有防冻剂的防冻冷却液。

1. 水冷却液

水冷却液是指直接用水作冷却液,它具有简单、方便的优点。但是,水沸点低、易蒸发，需经常添加。冷却水最好选用软水，即含盐分少的水，如雨水、雪水、自来水等。否则，水易在水套内形成水垢，从而降低汽缸盖和汽缸体的传热性能，使发动机过热。水在严寒冬季易结冰，过夜必须放水，否则会因为结冰时体积膨胀，造成胀裂汽缸体、汽缸盖的严重事故。

❷ 防冻冷却液

防冻冷却液主要由防冻剂与水按一定比例混合而成，最常用的防冻剂是乙二醇，乙二醇可降低冰点和提高沸点。冷却液中水与乙二醇的比例不同，其冰点也不同（表2-7-1）。

冷却液的冰点与乙二醇质量分数的关系　　　　　　　　　　表2-7-1

冷却液冰点（℃）	乙二醇的质量分数（%）	水的质量分数（%）
-10	26.4	73.6
-20	36.2	63.8
-30	45.6	54.4
-40	52.3	47.7
-50	58.0	42.0
-60	63.1	36.9

有些车型使用的防冻冷却液中还加添有添加剂，添加剂可防止冷却液腐蚀、沉积（水垢）、形成泡沫和过热的作用。

乙二醇型防冻冷却液有不同的牌号，应按汽车使用说明书的规定要求选用和定期更换防冻冷却液（表2-7-2）。注意：不同牌号的防冻冷却液不可混用。

常见发动机冷却液更换周期　　　　　　　　　　表2-7-2

发动机型号	冷却液牌号	容量（L）	更换周期
卡罗拉（1.6L）乘用车发动机	Toyota Super Long Life Coolant（丰田高级长效冷却液）或类似的优质乙二烯乙醇型冷却液	5.6（手动变速器车型）或5.5（自动变速器车型）	第一次行驶16万公里，然后每行驶8万公里更换一次
科鲁兹（1.6L）乘用车发动机	DEX-COOL®	6.5	每行驶24万公里或5年
桑塔纳2000GSi乘用车发动机	N052 774 BO或改进型冷却液 N052 774 CO	6.0	每行驶6万公里或2年

注：行驶里程和年数，以先达到者为准。

❸ 环保和安全注意事项

❶ 环境保护

（1）冷却液是一种对水有污染的液体，对水有轻微污染，因此不允许将冷却液排入地表水域和下水道，作业时只能在防渗的地面上进行。

（2）废弃的冷却液必须单独盛装，并妥善保管和回收利用。

（3）沾上冷却液的抹布或物品，不得作为生活垃圾处理。

❷ 安全措施

（1）冷却液对人皮肤有损害，作业时应戴上个人防护装备。
（2）沾上冷却液的衣服或鞋子，必须立即脱下并更换。
（3）皮肤接触到冷却液，立即用水和肥皂清洗并彻底冲洗。
（4）眼睛接触到冷却液，应翻开眼皮并用流水冲洗眼睛几分钟。
（5）吸入冷却液，立即漱口并喝下大量清水，然后尽快去医院治疗。

三 冷却系统主要部件的构造

❶ 水泵

水泵的作用是对冷却液加压，强制冷却液在冷却系统中循环流动。现代汽车通常采用离心式水泵。水泵一般在机体外安装，与风扇同轴驱动；也有装在机体内（内藏式）单独驱动的。

离心式水泵主要由泵壳、叶轮、泵盖、水泵轴、支承轴承、水封等组成，如图2-7-3a）所示。

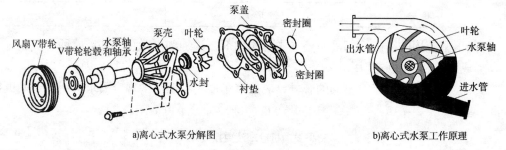

图2-7-3 水泵

如图2-7-3b）所示，当叶轮旋转时，水泵中的冷却液被叶轮带动一起旋转，并在离心力作用下向叶轮边缘甩出，经与叶轮成切线方向的出水管压送到发动机的水套内。与此同时，叶轮中心处造成一定的真空而将冷却液从进水管吸入，如此连续地作用，使冷却液在水路中不断地循环。

❷ 散热器

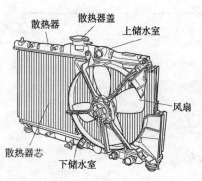

图2-7-4 散热器的组成

散热器的功用是使水套中出来的冷却液得到迅速冷却，以保持发动机的正常冷却液温度。散热器的主要组成为上储水室、下储水室、散热器芯（包括冷却管和散热带）和散热器盖等，如图2-7-4所示。

（1）上储水室和下储水室。上储水室顶部有加水口，平时用散热器盖盖住，并装有进水软管，与发动机上出水管相连。下储水室有出水管，用软管与水泵进水口相连。一般在下储水室中还装有放水阀。由发动机出水管流出的温度较高的冷却液进入上储水室，经散热器冷却管散热冷却后流入下储水室,由散热器出水管流出后被吸入水泵。

（2）散热器芯。散热器芯由许多扁圆形的冷却管和散热片组成。冷却管焊接在上、下储水室之间,作为冷却液的通道。空气吹过管的外表面,从而使管内流动的冷却液得到冷却。冷却管周围布置了很多散热片,用来增加散热面积,同时增加整个散热器的刚度和强度。

（3）散热器盖。当代汽车发动机多采用封闭式水冷却系统,这种冷却系统的散热器盖装有一个空气阀和一个蒸汽阀,对冷却系统有密封加压作用。发动机处于正常热态时,阀门关闭,可将冷却系统与大气隔开,防止水蒸气逸出,使系统内压力稍高于大气压力,从而可增高冷却液的沸点,保证发动机在较长时间及较高负荷下工作。如图2-7-5所示,当散热器中压力升高到一定压力时,蒸汽阀便开启,使水蒸气从通气孔排出,以防热膨胀压坏散热器芯管；当冷却液温度降低,冷却系统中蒸汽凝结为冷却液,散热器内形成一定真空时,空气阀开启,空气从通气孔进入冷却系统,避免压力差将散热器芯管压瘪。

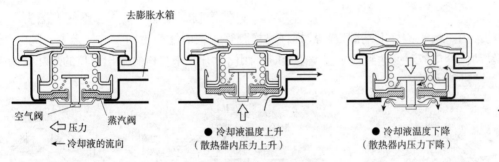

图2-7-5 具有空气阀—蒸汽阀的散热器盖

3 膨胀水箱

加注防锈、防冻液的汽车发动机常采用膨胀水箱（图2-7-6）。发动机工作使冷却液温度升高并膨胀,使散热器内压力上升。当压力达到规定值以上时,让一部分冷却液流回膨胀水箱以保持散热器内压力。停车时,冷却液温度降低,散热器内压力下降,膨胀水箱内的冷却液受大气压的作用流回散热器。

膨胀水箱多用半透明材料（如塑料）制成,透过箱体可直接观察到冷却液的液面高度,无须打开散热器盖,冷却液的液面高度应在MAX与MIN之间（图2-7-7）。

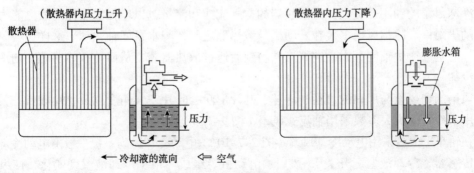

图2-7-6 膨胀水箱

❹ 节温器

节温器安装在冷却液循环的通路中（一般安装在汽缸盖的出水口），根据发动机负荷的大小和冷却液温度的高低自动改变冷却液的循环流动路线，以达到调节冷却系统冷却强度的目的。

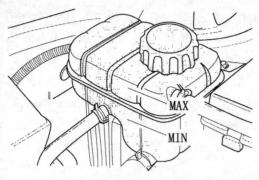

图2-7-7 检查冷却液的液面高度

汽车发动机广泛采用蜡式节温器（图2-7-8）。节温器推杆的一端固定于支架的中心处，另一端插入胶管的中心孔中。胶管与节温器外壳之间形成的腔体内装有精制石蜡。常温时，石蜡呈固态，阀门压在阀座上，这时阀门关闭了通往散热器的水路，来自发动机缸盖出水口的冷却液经水泵又流回汽缸体水套中进行小循环。当发动机冷却液温度升高时，石蜡逐渐变成液态，体积随之增大，迫使橡胶管收缩，从而对推杆上端头产生向上的推力。由于推杆上端固定，故推杆对橡胶管、感应体产生向下的反推力，阀门开启。当发动机冷却液温度达到规定温度以上时，阀门全开，来自汽缸盖出水口的冷却液流向散热器，进行大循环。

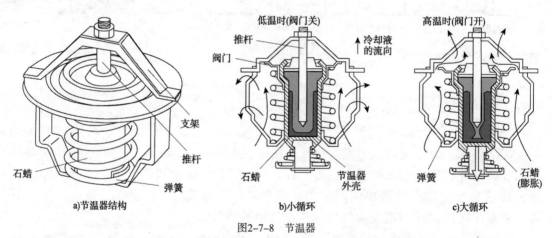

图2-7-8 节温器

❺ 冷却风扇

冷却风扇的功用是提高流经散热器的空气流速和流量，以增强散热器的散热能力并冷却发动机附件。冷却风扇多装在发动机与散热器之间，与水泵同轴驱动。这样，当风扇转动时，对空气产生轴向吸力，空气流从前到后通过散热器芯，从而使散热器芯中的冷却液加速冷却。

风扇的扇风量与风扇的直径、转速、叶片形状、叶片安装角度以及叶片数目有关，目前车用水冷发动机大多数采用轴流式风扇（图2-7-9）。

在轿车上大多采用电动冷却风扇（图2-7-10）。电动冷却风扇系统一般由电动冷却风扇温度传感器（冷却液温度开关）、风扇、电动机等组成。根据冷却液温度变化，使风扇断续工作，从而提高了整车的经济性能。另外，电动冷却风扇省去了风扇V带轮和发电机轴的驱动V带连接，风扇叶片尺寸和散热器等布置自由度大，具有能耗低、噪声小等优点。

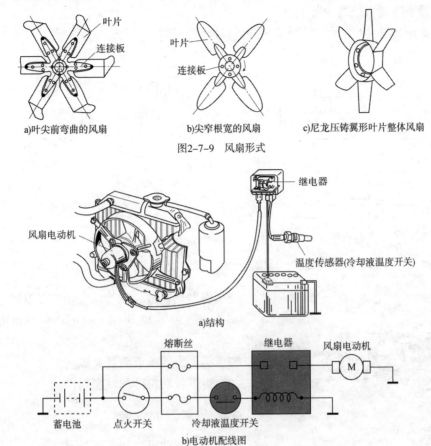

叶片
连接板
a)叶尖前弯曲的风扇
叶片
连接板
b)尖窄根宽的风扇
c)尼龙压铸翼形叶片整体风扇

图2-7-9　风扇形式

继电器
风扇电动机
温度传感器(冷却液温度开关)
a)结构
熔断丝
继电器
风扇电动机
M
蓄电池
点火开关
冷却液温度开关
b)电动机配线图

图2-7-10　电动风扇的结构

项目二　冷却系统的拆装

本项目以科鲁兹（1.6L）乘用车发动机冷却系统为例进行说明。

科鲁兹（1.6L）乘用车发动机冷却系统布置图如图 2-7-11 所示。

一　节温器的拆装

1　节温器的拆卸

（1）举升起车辆。

（2）将冷却液回收盆置于车辆下方。

（3）排空冷却系统的冷却液。

（4）如图2-7-12所示，松开散热器进口软管卡箍。

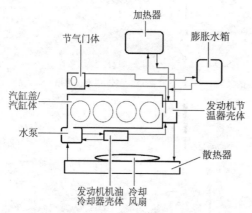

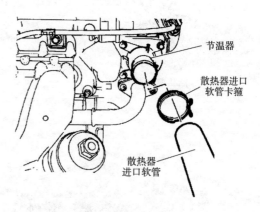

图2-7-11 科鲁兹（1.6L）乘用车发动机冷却系统布置图　　图2-7-12 节温器的拆卸（1）

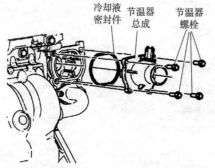

图2-7-13 节温器的拆卸（2）

（5）将散热器进口软管从发动机节温器上拆下。

（6）如图2-7-13所示，拆下4个发动机节温器螺栓。

（7）拆下发动机节温器总成。

（8）拆下发动机冷却液密封件。

❷ 节温器的安装

（1）清洁发动机冷却液密封面。

（2）安装发动机冷却液密封件（图2-7-13）。

（3）安装发动机节温器总成（图2-7-13）。

（4）安装4个发动机节温器螺栓（图2-7-13），并紧固至8N·m。注意：所有紧固件应遵守《紧固件告诫》。

（5）用散热器进口软管卡箍将散热器进口软管安装至发动机节温器（图2-7-12）。

（6）降下车辆。

（7）加注冷却液。

三、水泵的拆装

❶ 水泵的拆卸

（1）排空冷却系统的冷却液。

（2）拆下水泵传动带轮。

①拆下空气滤清器壳体。

②如图2-7-14所示，松开3个水泵传动带轮螺栓。注意：反向支承曲轴扭转减振器螺栓。

③拆下传动带。

a. 如图 2-7-15 所示，逆时针转动偏心轮以释放传动带张紧器上的张力，并用 EN6349 销锁止。

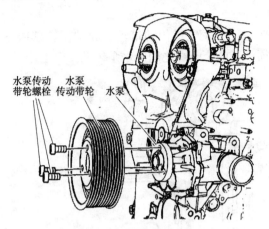

图2-7-14 水泵的拆卸（1）

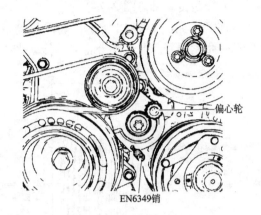

图2-7-15 水泵的拆卸（2）

b. 如图 2-7-16 所示，拆下传动带。

④拆下 3 个水泵传动带轮螺栓（图 2-7-14）。

⑤将水泵传动带轮从水泵上拆下（图 2-7-14）。

（3）如图 2-7-17 所示，拆下 5 个水泵螺栓。

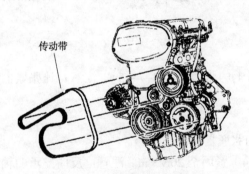

图2-7-16 水泵的拆卸（3）

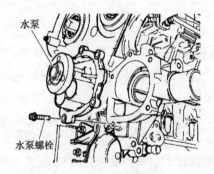

图2-7-17 水泵的拆卸（4）

（4）拆下水泵。

（5）拆下并报废水泵密封圈。

❷ 水泵的安装

（1）清洁 5 个水泵螺栓的螺纹。

（2）清洁水泵密封面。

（3）插入新的水泵密封圈。

（4）安装水泵（图 2-7-17）。

（5）安装 5 个水泵螺栓（图 2-7-17），并紧固至 8N·m。注意：所有紧固件应遵守《紧固件告诫》。

（6）安装水泵传动带轮。

①将水泵传动带轮安装至水泵（图2-7-14）。
②安装3个水泵传动带轮螺栓（图2-7-14）。
③安装传动带。

a. 安装传动带（图2-7-16）。

注意：如图2-7-18所示，确保传动带被定位在发电机传动带轮、曲轴扭转减振器、传动带张紧器和水泵传动带轮上。传动带必须位于两个凸缘之间的水泵传动带轮上。

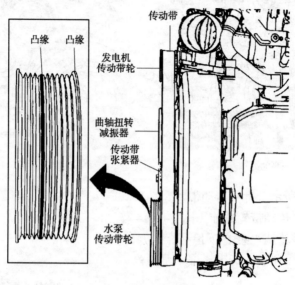

图2-7-18　水泵的安装

b. 检查传动带的位置。

c. 通过逆时针转动偏心轮来释放张紧器上的张力（图2-7-15）。注意：让张紧器缓慢滑回原位。

d. 拆下EN6349销（图2-7-15）。

e. 顺时针转动偏心轮（图2-7-15）以向张紧器施加张力。

④将3个水泵传动带轮螺栓（图2-7-14）紧固至20N·m。注意：反向支承曲轴扭转减振器螺栓。

⑤安装空气滤清器壳体。

（7）重新加注冷却液。

三　散热器的拆装

1　散热器的拆卸

（1）断开蓄电池负极电缆。

（2）拆下前保险杠蒙皮。

（3）排空冷却系统的冷却液。

（4）拆下前进气管导流器。

（5）如图2-7-19所示，拆下前进气管螺栓。

(6)拆下前进气管。

(7)拆下散热器格栅固定框。

(8)如图2-7-20所示,断开空调压力传感器线束,并松开卡夹。

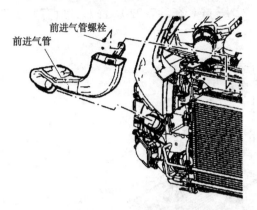

图2-7-19 散热器的拆卸(1)

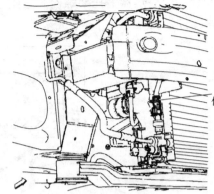

图2-7-20 散热器的拆卸(2)

(9)如图2-7-21所示,从增压空气冷却器上拆下2块护板。

(10)将散热器出口软管和散热器进口软管从散热器上断开。

(11)将变速器油冷却器进口管(如装备)从散热器上拆下。

(12)将变速器油冷却器出口管(如装备)从散热器上拆下。

(13)如图2-7-22所示,拆下2个散热器上托架螺栓和2个散热器上托架。

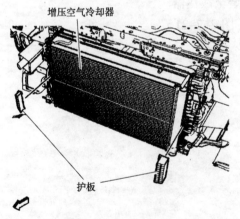

图2-7-21 散热器的拆卸(3)

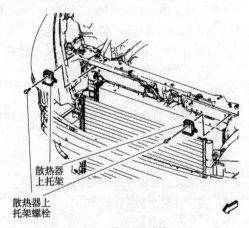

图2-7-22 散热器的拆卸(4)

(14)如图2-7-23所示,从2个下托架上拆下散热器。

(15)按压固定夹,使风扇护罩从散热器上松开。

(16)小心操作并旋转散热器以获取更大的拆卸空间。

(17)小心操作并提升散热器远离车辆。

❷ 散热器的安装

(1)小心操作并安装散热器(图2-7-23)。

(2)小心操作并旋转散热器以获取更大的安装空间。

（3）将散热器安装至 2 个下托架上（图 2-7-23）。

（4）确保风扇护罩正确卡入固定夹中（图 2-7-23）。

（5）安装 2 个散热器上托架（图 2-7-22）。

（6）安装 2 个散热器上托架螺栓并紧固至 22N·m（图 2-7-22）。注意：所有紧固件应遵守《紧固件告诫》。

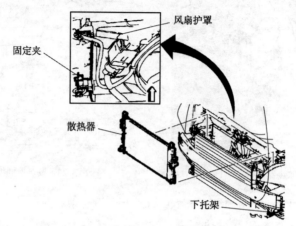

图2-7-23　散热器的拆卸（5）

（7）将散热器出口软管和散热器进口软管连接至散热器。

（8）将变速器油冷却器进口管（如装备）安装至散热器。

（9）将变速器油冷却器出口管（如装备）安装至散热器。

（10）将 2 块护板安装至增压空气冷却器上（图 2-7-21）。

（11）连接并卡紧空调压力传感器线束（图 2-7-20）。

（12）安装散热器格栅固定框。

（13）安装前进气管（图 2-7-19）。

（14）安装前进气管螺栓（图 2-7-19）。

（15）安装前进气管导流器。

（16）安装前保险杠蒙皮。

（17）连接蓄电池负极电缆。

（18）加注冷却液并放气。

参 考 文 献

[1] 黄靖雄. 汽车原理 [M]. 台北：全华图书股份有限公司，1995.
[2] 黄靖雄. 汽车学Ⅰ（发动机篇）[M]. 台北：全华图书股份有限公司，1995.
[3] 细川武志. 汽车构造图册 [M]. 北京：人民交通出版社，2009.
[4] 赖瑞海. 汽车学Ⅱ（底盘篇）[M]. 台北：全华图书股份有限公司，2009.
[5] 赖瑞海. 汽车实习Ⅱ（底盘篇）[M]. 台北：全华图书股份有限公司，2008.
[6] GP企画セソター. 汽车发动机构造图册 [M]. 北京：人民交通出版社，2005.
[7] GP企画セソター. 汽车底盘与电器构造图册 [M]. 北京：人民交通出版社，2007.
[8] 陈家瑞. 汽车构造（下册）[M]. 北京：机械工业出版社，2009.
[9] 本书编写组. 汽车维修快速入门图解 [M]. 北京：人民交通出版社，2007.